ELEMENTOS ESTRUTURAIS DO PLANEJAMENTO FINANCEIRO

O selo DIALÓGICA da Editora InterSaberes faz referência às publicações que privilegiam uma linguagem na qual o autor dialoga com o leitor por meio de recursos textuais e visuais, o que torna o conteúdo muito mais dinâmico. São livros que criam um ambiente de interação com o leitor – seu universo cultural, social e de elaboração de conhecimentos –, possibilitando um real processo de interlocução para que a comunicação se efetive.

EDITORA
intersaberes

Samir Bazzi

Elementos estruturais do planejamento financeiro

EDITORA intersaberes

Rua Clara Vendramin, 58 . Mossunguê
CEP 81200-170 . Curitiba . PR . Brasil
Fone: (41) 2106-4170
www.intersaberes.com
editora@editoraintersaberes.com.br

Conselho editorial	Dr. Ivo José Both (presidente)
	Dr.ª Elena Godoy
	Dr. Nelson Luís Dias
	Dr. Neri dos Santos
	Dr. Ulf Gregor Baranow
Editora-chefe	Lindsay Azambuja
Supervisora editorial	Ariadne Nunes Wenger
Analista editorial	Ariel Martins
Preparação de originais	Sibila Edições
Capa	Charles Leonardo da Silva
Projeto gráfico	Raphael Bernadelli
Diagramação	Estúdio Nótua
Iconografia	Vanessa Plugiti Pereira

Dados Internacionais de Catalogação na Publicação (CIP)
(Câmara Brasileira do Livro, SP, Brasil)

Bazzi, Samir
Elementos estruturais do planejamento financeiro/Samir Bazzi. Curitiba: InterSaberes, 2016. (Série Gestão Financeira).

Bibliografia.
ISBN 978-85-5972-064-8

1. Administração financeira 2. Finanças 3. Negócios 4. Orçamento empresarial I. Título. II. Série.

16-02660   CDD-658.15

Índices para catálogo sistemático:
1. Administração financeira 658.15

EDITORA AFILIADA

1ª edição, 2016.
Foi feito o depósito legal.

Informamos que é de inteira responsabilidade do autor a emissão de conceitos.

Nenhuma parte desta publicação poderá ser reproduzida por qualquer meio ou forma sem a prévia autorização da Editora InterSaberes.

A violação dos direitos autorais é crime estabelecido na Lei n. 9.610/1998 e punido pelo art. 184 do Código Penal.

Sumário

Dedicatória • 9
Agradecimentos • 11
Prefácio • 13
Apresentação • 17
Como aproveitar ao máximo este livro • 21
Introdução • 25

I

Elementos estruturais de finanças • 29

1.1 Conceitos básicos para a decisão financeira • 33

1.2 Objetivos de finanças • 41

1.3 Dimensões da administração financeira • 46

1.4 Processo de tomada das decisões financeiras • 49

2
Finanças e o mercado financeiro • 61

2.1 Organização do Sistema Financeiro Nacional (SFN) • 64

2.2 Mercado financeiro • 77

2.3 Conjuntura econômica e social • 85

3
Demonstrações financeiras • 95

3.1 Objetivos das demonstrações financeiras • 98

3.2 Regimes contábeis • 101

3.3 Balanço Patrimonial (BP) • 104

3.4 Demonstração do Resultado do Exercício (DRE) • 110

3.5 Fluxos de caixa • 114

4
Dinâmica das decisões financeiras • 131

4.1 Decisões financeiras • 133

4.2 Classificação das decisões financeiras • 139

4.3 Processo decisório • 143

5
Planejamento e análise financeira • 151

5.1 Procedimentos preliminares • 154

5.2 Processo de avaliação de índices e indicadores • 157

5.3 Índices de solvência a curto prazo ou de liquidez • 167

5.4 Índices de solvência a longo prazo ou de endividamento • 170

5.5 Índices de estrutura de capital • 172

5.6 Índices de administração de ativo ou de giro • 175

5.7 Índices de lucratividade ou de rentabilidade • 178

5.8 Índices de atividade ou de giro das contas operacionais • 181

6

Planejamento orçamentário • 193

6.1 Conceitos e tipos de orçamento • 196

6.2 Estrutura do plano orçamentário • 201

6.3 Controle orçamentário • 220

Para concluir... • 233

Lista de siglas • 235

Referências • 239

Respostas • 243

Sobre o autor • 247

Dedicatória

À minha esposa, Silvana, fiel companheira de todas as horas, que tem controlado com destreza nossa vida financeira, aplicando com maestria o que aprendemos juntos nestes longos anos de caminhada. Te amo!

Agradecimentos

Agradeço aos fiéis amigos (no verdadeiro sentido da palavra) e parceiros de jornada acadêmica Patricia Piana Presas e Érico Eleutério da Luz pela troca de experiências profissionais, pelas críticas, pelos elogios, pela generosidade e, principalmente, pela disposição de abdicar de seu tempo para acreditar nas minhas investidas.

Ao Frei Nelson José Hillesheim, OFM, magnífico reitor da FAE Centro Universitário, pelo seu sacerdócio à frente dessa instituição de ensino superior, que sempre me inspira com os seus sólidos princípios franciscanos.

Tenho a plena convicção de que ninguém consegue escrever um livro sozinho, pois muitas são as pessoas que, direta ou indiretamente, contribuem nessa empreitada. Gostaria de citar aqui todos os meus professores, mas isso seria impossível. Dessa forma, citando somente dois deles, agradeço a todos os meus mestres: muito obrigado, Professor Daniel Francisco Rossi (meu orientador na graduação) e Professor Marcos Henrique Nogueira Cobra (meu orientador no mestrado).

Agradeço, por fim, pelo carinho e apoio recebidos de todos com quem compartilhei algumas ideias e que contribuíram e transformaram esta obra em realidade.

Prefácio

Conheci o Professor Samir Bazzi em 2007, quando ele começou a lecionar na FAE Centro Universitário, e desde então percebi sua enorme paixão e dedicação para ensinar princípios financeiros sólidos da gestão de uma empresa para seus alunos. O livro *Elementos estruturais do planejamento financeiro* demonstra claramente esse entusiasmo e não poderia ser diferente, pois segue seus ideais, por meio dos quais ele demonstra claramente sua preocupação em detalhar alguns conceitos relevantes do mundo financeiro.

De maneira geral, este livro coloca o leitor em contato direto com o planejamento financeiro empresarial e não parte da premissa de que obrigatoriamente se precise ter um conhecimento mais aprofundado da área financeira. De modo simples, o Professor Samir conduz o leitor na construção de seu próprio conhecimento, embasando praticamente as decisões que devem ser tomadas por um gestor financeiro moderno e atuante.

Todos os temas são tratados de forma lógica e sequencial, o que contribui para o entendimento dos conteúdos, sendo possível fazer algumas pausas durante a leitura para aprimorar o conhecimento e analisar a aprendizagem. Isso fica bem claro no cuidado com que foram criados e preparados alguns exercícios e estudos de caso, levando o leitor a pensar de maneira proativa em tudo o que acabou de ler e estudar. Creio que esse seja um dos grandes diferenciais desta obra!

Tenho certeza de que este livro irá contribuir significativamente para a desmistificação de muitos tópicos do planejamento financeiro tradicionalmente considerados complexos, dando-lhes uma interpretação prática e, apontando, assim, o caminho a seguir para utilizá-los no dia a dia.

Resta-me, portanto, parabenizar o autor por este importante trabalho.

Patricia Piana Presas
Professora da FAE Centro Universitário e diretora de planejamento da Pontodesign, agência de *design* e comunicação

"Preocupa-se com a estruturação dos recursos da empresa de modo a criar possibilidade de execução com os melhores resultados" (Frezatti, 2009, p. 9).

Apresentação

Este livro refere-se, de modo geral, à tentativa de execução de um processo administrativo complexo e de extrema relevância para as empresas. Esse processo envolve a tomada de decisão e as aplicações direta e indireta de técnicas específicas e de ferramentas próprias da contabilidade nas finanças empresariais.

A obra está organizada de maneira didática, porém não prescinde de uma gama de aplicações reais, que facilitam a percepção dos conceitos do planejamento financeiro. Os conteúdos estão distribuídos ao longo de seis capítulos, interligados de forma que o conhecimento do processo administrativo se construa aos poucos, não isolando as finanças em um único quadrante das necessidades empresariais.

No **Capítulo 1**, descreveremos os elementos estruturais de finanças e os principais conceitos que abordamos constantemente e que são necessários para a função financeira em uma empresa. É importante que possamos entender ainda que as atividades empresariais precisam retratar a confiabilidade de todas as ações, medindo e acompanhando os controles financeiros, principalmente em relação ao risco, ao retorno e à incerteza.

No **Capítulo 2**, analisaremos as finanças inseridas no mercado financeiro brasileiro, principalmente no que diz respeito ao Sistema Financeiro Nacional e ao mercado financeiro, que é separado em mercado monetário, mercado de crédito, mercado de capitais e mercado de câmbio. Enfocaremos, ainda, a conjuntura econômica e social que influencia as finanças e o mercado financeiro.

No **Capítulo 3**, examinaremos os objetivos das demonstrações no planejamento financeiro, além de estudarmos dois regimes utilizados para o planejamento: o regime de caixa e o regime de competência. Veremos também alguns enfoques financeiros do Balanço Patrimonial (BP), da Demonstração do Resultado do Exercício (DRE), do fluxo de caixa e das demonstrações auxiliares.

No **Capítulo 4**, abordaremos as decisões financeiras, destacando as três que se mostram mais importantes em finanças: as de operações, as de investimento e as de financiamento.

O planejamento e a análise financeira serão detalhados no **Capítulo 5**, no qual exploraremos alguns procedimentos preliminares, como a análise vertical e a análise horizontal. Veremos também a realização da análise financeira, utilizando diversos índices e indicadores.

No **Capítulo 6**, apresentaremos o planejamento orçamentário e a metodologia orçamentária básica, em que estruturaremos algumas peças que irão resultar na projeção de resultado da empresa, que será base para o controle orçamentário eficaz.

A expressão do mapa mental deste livro, na Figura 1, demonstra visualmente toda essa separação, detalhando os caminhos percorridos por esse processo.

Figura 1 – Mapa conceitual do livro

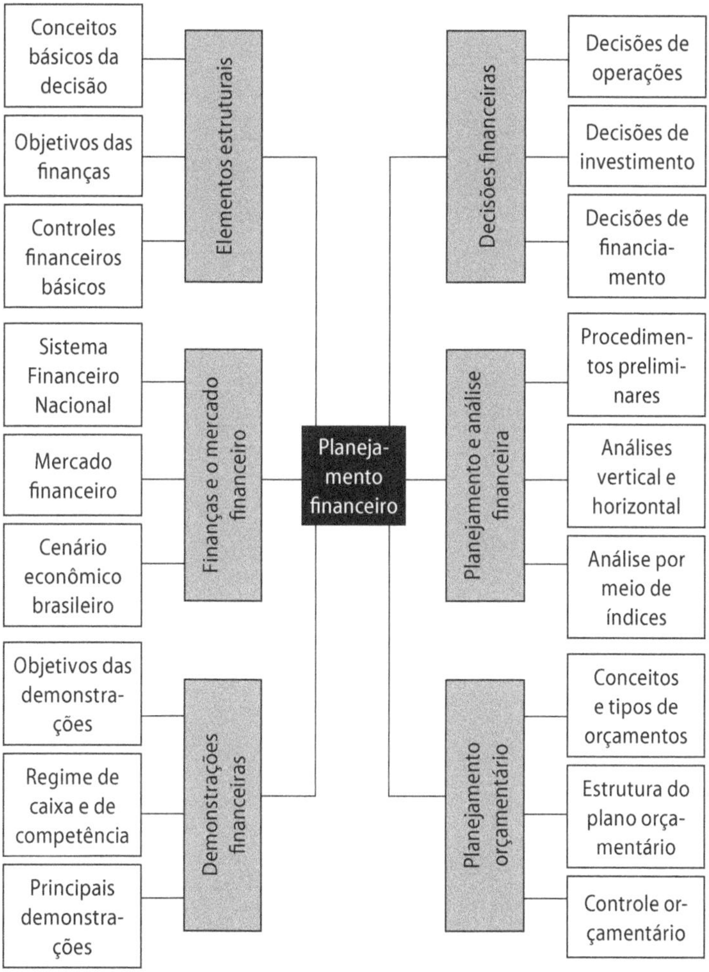

Elementos estruturais		Decisões financeiras	
Conceitos básicos da decisão			Decisões de operações
Objetivos das finanças			Decisões de investimento
Controles financeiros básicos			Decisões de financiamento

Finanças e o mercado financeiro		Planejamento e análise financeira	
Sistema Financeiro Nacional			Procedimentos preliminares
Mercado financeiro	Planejamento financeiro		Análises vertical e horizontal
Cenário econômico brasileiro			Análise por meio de índices

Demonstrações financeiras		Planejamento orçamentário	
Objetivos das demonstrações			Conceitos e tipos de orçamentos
Regime de caixa e de competência			Estrutura do plano orçamentário
Principais demonstrações			Controle orçamentário

Sentimo-nos na obrigação de alertar o leitor de que este livro não esgota de maneira nenhuma todas as questões relacionadas à prática financeira em uma empresa. Ele é somente uma bússola, que poderá auxiliar o processo de tomada de decisões financeiras e contribuir para a satisfação de necessidades empresariais bem específicas.

Como aproveitar ao máximo este livro

Este livro traz alguns recursos que visam enriquecer seu aprendizado, facilitar a compreensão dos conteúdos e tornar a leitura mais dinâmica. São ferramentas projetadas de acordo com a natureza dos temas que vamos examinar. Veja a seguir como esses recursos se encontram distribuídos no decorrer desta obra.

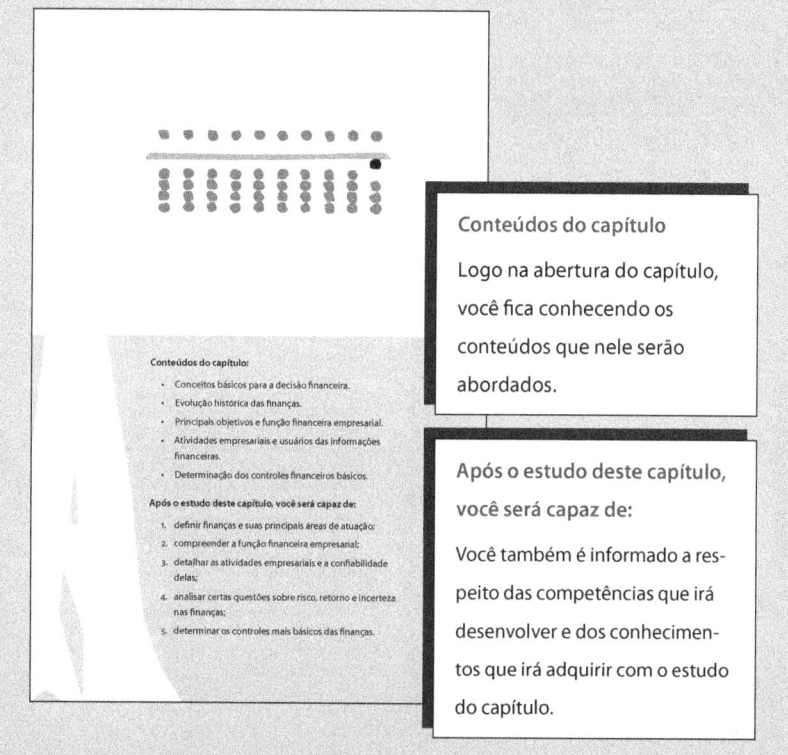

Conteúdos do capítulo

Logo na abertura do capítulo, você fica conhecendo os conteúdos que nele serão abordados.

Após o estudo deste capítulo, você será capaz de:

Você também é informado a respeito das competências que irá desenvolver e dos conhecimentos que irá adquirir com o estudo do capítulo.

Estudo de caso

O blog GuiaBolso, em 6 de março de 2015, publicou um pequeno texto (reproduzido a seguir, com adaptações) em que se questiona o que efetivamente faz um gestor financeiro em uma empresa.

O QUE FAZ UM GESTOR FINANCEIRO?

Profissional essencial e estratégico para as operações de qualquer empresa, o gestor financeiro tem um leque de responsabilidades. É ele que cuida do planejamento das finanças da companhia, da gestão da equipe e dos recursos da área financeira. O gestor financeiro também tem atuação decisiva na prestação de contas para a diretoria e presta um valioso auxílio na tomada de decisões. Confira tudo o que faz um gestor financeiro:

- Resumo das funções: O gestor financeiro atua diretamente no planejamento das finanças da empresa. É o responsável por organizar, captar e aplicar os recursos da sua companhia. Um gestor financeiro tem como responsabilidade analisar demonstrativos contábeis e créditos, além de fazer uma avaliação da manutenção de estoques e acompanhar fluxos de caixa e faturamentos.
- Principais objetivos: O gestor financeiro tem como principais objetivos aumentar o valor do Patrimônio Líquido de uma companhia ao gerar lucro líquido por meio das atividades operacionais da organização. Para isso, o profissional conta com um sistema de informações gerenciais que possibilita que ele conheça e analise a situação financeira da companhia e possa tomar as decisões gerenciais mais adequadas para maximizar os resultados financeiros.

Estudo de caso

Esta seção traz ao seu conhecimento situações que vão aproximar os conteúdos estudados de sua prática profissional.

Síntese

Percebemos até aqui que praticamente tudo o que é executado em uma empresa, independentemente da sua atividade ou do seu tamanho, sempre envolve recursos financeiros e se orienta para a obtenção de lucro e, como consequência, de rentabilidade.

A área financeira, dessa forma, deve cuidar da efetiva viabilidade financeira da empresa, sendo que a maioria das decisões tomadas devem ser medidas utilizando-se termos financeiros. Por causa disso, a figura do administrador financeiro é de grande importância, pois é ele quem desempenha um papel primordial na operação da empresa. Para que ele compreenda a função financeira básica, é preciso que tenha um conhecimento prévio de duas outras ciências: a economia e a contabilidade. Da economia serão utilizados na gestão financeira da empresa o arcabouço e as teorias econômicas, a análise marginal, os benefícios e os custos marginais; já da contabilidade temos a ênfase no fluxo de caixa, a tomada de decisão e os regimes de caixa e de competência.

Não nos esqueçamos também dos três objetivos da administração financeira: aumentar o lucro da empresa, aumentar a riqueza dos sócios e preservar a riqueza das partes interessadas. Todas as ações financeiras tomadas devem ter como base

---

Síntese

Você dispõe, ao final do capítulo, de uma síntese que traz os principais conceitos nele abordados.

atender a esses objetivos, que estão diretamente inter-relacionados. Os objetivos estão refletidos, de forma clara, no Balanço Patrimonial (BP), que demonstra a posição financeira da empresa em determinado momento. Eles se dividem nas **atividades-chave de finanças: realizar análises e planejamento financeiro, tomar decisões de investimento e tomar decisões de financiamento.**

Fechamos os estudos deste capítulo analisando os três aspectos temporais da administração financeira (diagnóstico, interpretação e planejamento), que contribuem para a avaliação dos dados financeiros, além de refletir a posição financeira geral da empresa. Para realizar essa avaliação, a área financeira irá inspecionar todas as operações da organização, identificando o risco e o retorno inerentes a cada uma dessas operações e associando-as diretamente com os objetivos de finanças que devem sempre ser perseguidos.

Exercícios resolvidos

1. Qual deve ser a meta principal a ser perseguida por um administrador financeiro de uma empresa?
   a) Aumentar o número de sócios para a empresa.
   b) Aumentar o lucro da empresa.
   c) Diminuir os custos da empresa.
   d) Aumentar a riqueza dos sócios.
   e) Preservar a riqueza das partes interessadas.

   Resolução:
   d. A administração financeira da empresa deve considerar que os sócios exigem um retorno maior para um risco maior. Portanto, o administrador financeiro deve buscar o aumento da riqueza dos sócios, pois é nela que encontramos um risco financeiro maior para a empresa.

Exercícios resolvidos

A obra conta também com exercícios seguidos da resolução feita pelo próprio autor, com o objetivo de demonstrar, na prática, a aplicação dos conceitos examinados.

Questões para revisão

Com estas atividades, você tem a possibilidade de rever os principais conceitos analisados. Ao final do livro, o autor disponibiliza as respostas às questões, a fim de que você possa verificar como está sua aprendizagem.

Questões para revisão

1. (Enade/Ciências Contábeis – 2009) Leia as afirmativas:

   Diretores Financeiros são responsáveis por decisões acerca de como investir os recursos de uma empresa para expandir seus negócios e sobre como obter tais recursos. Investidores são instituições financeiras ou indivíduos que financiam os investimentos feitos pelas empresas e governos. Assim, decisões de investimento tomadas por Diretores Financeiros e Investidores são, normalmente, semelhantes.

   PORQUE

   As decisões de investimento dos Diretores Financeiros focalizam os ativos financeiros (ações e títulos de dívidas), enquanto as decisões de investimento dos Investidores focalizam ativos reais (edificações, máquinas, computadores etc.).

Saiba mais

Por mais que não tenhamos tratado especificamente do planejamento orçamentário de organismos do governo, acesse o documento indicado a seguir e saiba um pouco mais sobre esse assunto.

BRASIL. Ministério do Planejamento, Orçamento e Gestão. Processo orçamentário: conceitos e procedimentos. nov. 2009. Disponível em: <http://www.planejamento.gov.br/secretarias/upload/Arquivos/dest/curso_gestao_projetos/processo_orcamentario_conceitos_procedimentos.pdf>. Acesso em: 17 nov. 2015.

Saiba mais

Você pode consultar as obras indicadas nesta seção para aprofundar sua aprendizagem.

Perguntas & respostas

Nesta seção, o autor responde a dúvidas frequentes relacionadas aos conteúdos do capítulo.

Perguntas & respostas

1. Uma das atribuições do Banco Central (Bacen) é a de estabelecer as diretrizes gerais da política monetária, cambial e creditícia do Brasil. Essa afirmativa está correta? Justifique sua resposta.

   Resposta: A afirmativa está incorreta, pois o estabelecimento das diretrizes gerais da política monetária, cambial e creditícia do Brasil compete única e exclusivamente ao Conselho Monetário Nacional (CMN), que é o órgão normativo máximo do Sistema Financeiro Nacional (SFN).

2. Como podemos definir o Sistema Financeiro Nacional (SFN)?

   Resposta: O SFN pode ser definido como um conjunto de instituições dedicadas a manter o fluxo de recursos entre poupadores e investidores, assim como a ordem no mercado financeiro.

3. O Conselho Monetário Nacional (CMN) é o órgão normativo responsável pela fixação de diretrizes das políticas monetária, creditícia e cambial do Brasil. Cite as duas competências principais do CMN?

   Resposta: (1) Orientar a aplicação dos recursos das instituições financeiras públicas ou privadas, de modo a garantir

Introdução

Sabemos perfeitamente, de acordo com várias pesquisas divulgadas com uma certa frequência, que são muitas as empresas que não resistem a seu primeiro ano de vida e acabam fechando suas portas. Um dos fatores responsáveis por esse "falecimento" prematuro, e que é apontado em várias dessas pesquisas, é que tanto o dono da empresa quanto ela própria não estavam preparados para cuidar dos vários aspectos financeiros que envolvem um negócio.

É muito fácil olharmos os problemas dos outros de fora, principalmente quando sabemos um pouco acerca do assunto, não é mesmo? Mas e quando não sabemos quase nada a respeito, o que devemos fazer? A resposta é bem simples e clara: é preciso estudar sobre o tema e colocar em prática tudo o que foi aprendido. E é exatamente nessa direção que pretendemos atuar com este livro, isto é, ajudar o leitor a entender esse mundo maravilhoso, mas tortuoso, das finanças empresariais.

Vamos refletir, em muitos momentos, sobre a administração financeira, sobre a importância e o papel dos controles financeiros, além de analisar as aplicações práticas que auxiliam no processo de tomada de decisão e na análise dos resultados, conduzindo para uma constatação de como será o futuro financeiro da empresa. Porém, não podemos nos esquecer em nenhum momento de que, quando olhamos o mundo dos negócios mais de perto, nem sempre podemos ter certeza do que irá acontecer no futuro, pois as incertezas são muitas. Podemos, entretanto, tentar prever alguns acontecimentos pela análise das tendências apresentadas nos resultados da empresa e nas suas demonstrações financeiras.

Tente imaginar como você administra seu salário. Será que sobra dinheiro no final do mês depois de pagar todas as contas? Se sobra dinheiro, o que você faz com ele? E, se falta, como você tenta suprir essa falta para não ficar devendo para ninguém? Guardadas as devidas proporções, em uma empresa acontecem as mesmas coisas, mas elas precisam ser ainda mais controladas, pois muitas pessoas ou instituições dependem dessa empresa, como funcionários, fornecedores, clientes, concorrentes, bancos, governo, entre muitos outros.

Agora tente imaginar um gestor financeiro que não tenha uma noção básica de finanças e que não entenda o funcionamento de toda a empresa. Com certeza, essa falta de noção financeira básica vai acabar criando inúmeros problemas financeiros, operacionais e mercadológicos. Se eles não forem bem administrados, farão com que a empresa passe a fazer parte das estatísticas que mencionamos há pouco, levando-a a fechar suas portas, o que implicaria um transtorno para todas as partes envolvidas. Mas, se o administrador financeiro souber executar bem suas funções, de acordo com o conhecimento que já tem ou que venha a adquirir, a empresa terá mais possibilidades de continuar funcionando perfeitamente, ampliando seus horizontes e deixando todos os envolvidos satisfeitos.

Não podemos nos esquecer, também, de que todo e qualquer tipo de empresa, com ou sem fins lucrativos (como uma organização não governamental – ONG), deve utilizar seus recursos financeiros da melhor maneira possível. Uma empresa que não consiga administrar bem seus recursos financeiros não terá condições de administrar os outros recursos, que dependem de dinheiro para continuarem a existir, como os recursos humanos e os recursos materiais.

Percebemos até aqui que as finanças são de extrema importância para uma empresa e que esse universo é muito dinâmico e amplo e afeta a vida de muitas pessoas e instituições. Tendo tudo isso mente, convidamos você para nos acompanhar nesta jornada que, com certeza, será recompensadora!

Elementos estruturais de finanças

I

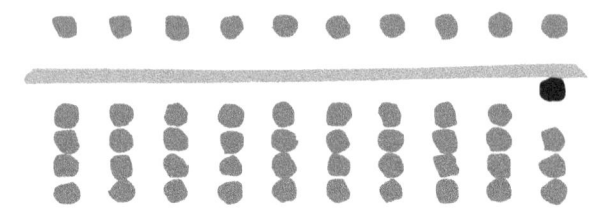

Conteúdos do capítulo:

- Conceitos básicos para a decisão financeira.
- Evolução histórica das finanças.
- Principais objetivos e função financeira empresarial.
- Atividades empresariais e usuários das informações financeiras.
- Determinação dos controles financeiros básicos.

Após o estudo deste capítulo, você será capaz de:

1. definir finanças e suas principais áreas de atuação;
2. compreender a função financeira empresarial;
3. detalhar as atividades empresariais e a confiabilidade delas;
4. analisar certas questões sobre risco, retorno e incerteza nas finanças;
5. determinar os controles mais básicos das finanças.

𝓔ste capítulo inicial tem o objetivo principal de tratar de algumas questões básicas, mas muito importantes, das finanças empresariais. Elas se constituem na base para o planejamento financeiro e podem direcionar o futuro de uma empresa. Você sabe o que quer dizer efetivamente a palavra *finanças*? Em português, quando consultamos o *Dicionário Aurélio da língua portuguesa* (Ferreira, 2010), encontramos as seguinte definições:

- a situação econômica de uma instituição, empresa, governo ou indivíduo, com respeito aos recursos econômicos disponíveis, especialmente dinheiro ou ativo líquido;
- o conjunto de transações, operações (como empréstimos e investimentos) e agentes (como bancos) que fazem esses recursos circularem na economia;
- a ciência e a profissão do manejo do dinheiro, particularmente do dinheiro do Estado.

Analisando etimologicamente a palavra *finanças*, de acordo com Souza (2013), temos a origem em um termo latino, *finis*, que significa "fronteira, limite, fim". Em francês, temos a palavra *finance*, que significa "término de uma dívida, quitação". Já em inglês, a palavra equivalente a *finanças* é decorrente de *mercatus*, "o local de compra e venda".

Em decorrência dessas definições para a palavra *finanças*, iniciou-se, a partir do ano de 1950, uma gama de estudos. Foi daí que surgiu um novo termo, com enfoque direto sobre as finanças empresariais: **administração financeira**. Por esse termo, podemos entender um agrupamento de várias técnicas e métodos específicos que objetivam verificar como está a situação financeira de uma empresa, além de sempre buscar a maximização dos resultados.

De modo geral, a administração financeira tem grande importância, em virtude das alterações significativas que acontecem nesse campo e também da volatilidade dos mercados e das incertezas que cercam as decisões em uma empresa. Como decorrência da administração financeira, surgiu o planejamento financeiro, que não se prende somente ao passado ou ao presente das movimentações financeiras, mas tem um enfoque também para o futuro dessas movimentações.

Mas, antes de iniciarmos os estudos focados no planejamento financeiro, vamos analisar alguns detalhes basilares das finanças empresariais, que vão ajudá-lo a entender alguns aspectos bem importantes relacionados ao assunto.

1.1 Conceitos básicos para a decisão financeira

Muitos autores, como Assaf Neto e Lima (2014), Bruner (2009), Gitman (2010), Hoji (2014) e Megliorini (2012), concentram o termo *finanças*, entre as mais variadas definições, como "a arte e a ciência de administrar recursos financeiros".

A arte nos remete ao conhecimento do administrador financeiro, que pode ser bem criativo na administração do dinheiro da empresa, sendo dotado de uma certa habilidade artística e do domínio das técnicas e ferramentas que serão utilizadas, e, ainda, ser capaz de obter êxito na comunicação com todas as partes interessadas.

Já a ciência implica a comprovação das decisões financeiras, embasada em alguns aspectos exatos, repetitivos e quantificáveis. Não podemos nos esquecer de que uma ciência nada mais é do que um agrupamento de conhecimentos, que são sistematizados na forma de observação, identificação, pesquisa e explicação, formulados por meio de uma metodologia específica. Para que possamos entender um pouco melhor a ciência financeira, preparamos um quadro-resumo, de acordo com os estudos feitos por Assaf Neto e Lima (2014), em que podemos analisar as principais teorias sobre finanças ao longo do tempo e seus principais autores.

Quadro 1.1 – Evolução das teorias em finanças

Ano/Década	Teorias/Estudos
Década de 1920	Estudos sobre a expansão das empresas, principalmente em relação aos processos de fusões e complementação das linhas de comercialização.
Década de 1930	Estudos sobre solvência, liquidez e recuperação financeira das empresas, os quais foram consequência da recessão econômica da crise de 1929/1930 nos Estados Unidos.
Década de 1940	Análises acerca da obtenção de recursos para financiar a produção de bens, principalmente em virtude da Segunda Guerra Mundial.

(continua)

(Quadro 1.1 – continuação)

Ano/Década	Teorias/Estudos
Década de 1950	Predominância das rotinas internas e preocupação com a estrutura organizacional da empresa (abordagem administrativa).
1952	Harry Markowitz publica no *The Journal of Finance* um artigo intitulado "Portfolio Selection", no qual difunde a noção de que um investidor tem de formar o que ele chamou de *portfólio*, baseado no retorno esperado e na variância do risco, procurando maximizar o retorno e minimizar o risco.
1958	Estudos realizados por Franco Modigliani e Merton Miller demonstraram que o valor de uma empresa não depende de sua estrutura de capital, identificando principalmente a forma como as empresas são financiadas, seja por meio de recursos próprios, seja por meio de recursos de terceiros. Modigliani e Miller publicaram seus principais artigos na *American Economic Review*, destacando-se "The Cost of Capital", "Corporation Finance" e "The Theory of Investment".
	James Tobin publica o artigo "Liquidity Preference as Behavior Toward Risk", em que concluiu que o portfólio de ativos de risco mais adequado para qualquer investidor é independente de sua atitude em relação ao risco.
Década de 1960	Estudos do custo de capital, principalmente em virtude da redução da rentabilidade das empresas (abordagem da teoria econômica nas finanças das empresas). Mudança no estudo da função financeira por meio das políticas de investimento, financiamento e dividendos, analisando-se o fluxo de caixa das empresas, o nível de risco e o valor econômico da empresa.
1964	William Sharpe publica no *The Journal of Finance* um modelo que ele chamou de *Capital Asset Pricing Model: a theory of market equilibrium under conditions of risk* (CAPM), analisando o retorno mínimo exigido de um investimento, tendo como base os riscos apresentados e envolvidos na decisão.
Década de 1970	Tobin complementa os estudos de Sharpe, principalmente em virtude das consequências da recessão mundial decorrente do modelo adotado após a guerra, da crise do petróleo e da crise da Bolsa de Valores de Nova York.
1973	Fischer Black, Myron Scholes e Robert C. Merton publicaram o artigo "The Pricing of Options and Corporate Liabilities". Nele demonstraram uma fórmula matemática conhecida como *fórmula de Black-Scholes*, utilizada amplamente para a precificação de opções e de outros derivativos.
1976	Stephen Ross formula a *Arbitrage Pricing Theory* (APT), como decorrência dos estudos de Sharpe por meio da CAPM.
	Eugene Fama formula a Teoria de Eficiência dos Mercados.
	Estudos sobre a renda permanente foram o assunto que propiciou a Milton Friedman receber o Prêmio Nobel de Economia.

(Quadro 1.1 – conclusão)

Ano/Década	Teorias/Estudos
Década de 1980	Foram desenvolvidas novas e complexas estratégias para a mitigação dos riscos por meio de derivativos. Em 1988, foi criado o Comitê de Basileia, que estabeleceu uma estrutura de cálculo de capital regulamentar mínimo para as instituições financeiras, tornando-se uma referência até hoje para a supervisão bancária.
1985	A poupança e o ciclo de vida foram temas de estudo de Franco Modigliani, que recebeu o Prêmio Nobel de Economia.
Década de 1990	Incremento do fluxo internacional de capitais, de produtos e de serviços. Diante disso, houve um aumento da interdependência maior entre as economias dos países, aumentando ainda a utilização de sofisticados modelos e estratégias de avaliação e gestão de risco.
	As empresas passaram a agregar riqueza principalmente pelo valor gerado por seus ativos intangíveis, que não representam forma física, como marcas, processos, patentes, tecnologia, imagem perante os clientes, sistema de distribuição e posicionamento no mercado.
	Difusão da técnica de análise de fluxo de caixa descontado, contingente ao longo do tempo. Nessa técnica, pretende-se fazer avaliações das propostas de projetos de investimento, oferecendo os subsídios teóricos para a decisão de aceitar ou rejeitar, construindo um orçamento de capital.
	Diminuição dos custos e redução de níveis hierárquicos, refletindo na área financeira em novas técnicas de custeio, como o *Activity Based Cost* (ABC), e mensuração da riqueza proporcionada aos acionistas, como o *Economic Value Added* (EVA).
1990	Robert Kaplan e David Norton desenvolveram a técnica do *Balanced Scorecard* (BSC), em que as empresas alinham suas estratégias com medidas de desempenho de acordo com quatro perspectivas: financeira, do cliente, dos processos internos e de aprendizagem e crescimento.
1992	O capital humano foi tratado por Gary Becker, o que lhe rendeu o Prêmio Nobel de Economia.
1997	Merton demonstrou a utilização de modelos matemáticos em bancos de investimentos e comerciais, assim como por investidores institucionais. O principal modelo utilizado foi o de precificação de opções de *Black-Scholes*.
Início do séc. XXI	Aprovação da Lei Sarbanes-Oxley (SOX) nos Estados Unidos, com a finalidade de proteger os investidores após os grandes escândalos contábeis. Surgem o conceito e a necessidade de aplicação obrigatória da governança corporativa.
	Novos estudos procuram relacionar o comportamento humano com os conceitos econômicos, buscando entender a influência do fator humano nas decisões financeiras, formando o ramo de pesquisa das finanças comportamentais.

Fonte: Adaptado de Assaf Neto; Lima, 2014, p. 5-10.

Você conseguiu perceber que a arte se mistura claramente com a ciência nessa evolução dos principais estudos realizados em finanças? Antes de continuarmos, procure imaginar como seria sua vida hoje se você não entendesse um pouco de finanças, por mais básico que seja seu conhecimento.

Tente sempre imaginar que você é um administrador financeiro. Os estudos nesse terreno vão conduzi-lo principalmente às responsabilidades do administrador financeiro em uma organização, pois são eles que administram as finanças de todos os tipos de empresas – pequenas ou grandes, públicas ou privadas, com ou sem fins lucrativos. São esses administradores que têm a responsabilidade de executar determinadas tarefas, como administração do caixa e do crédito, previsões financeiras e orçamentos, captação de fundos e análises variadas.

Percebemos, assim, de uma forma bem clara, que nos últimos anos as inúmeras mudanças regulatórias e econômicas trouxeram uma nova e significativa relevância para as responsabilidades do administrador financeiro nas empresas, o qual tem de estar capacitado para colocar em prática as teorias que vimos há pouco, aliando tudo isso com sua arte. Entende agora por que muitos definem *finanças* como "a arte e a ciência de administrar recursos financeiros"?

1.1.1 Função financeira

Você percebeu, no quadro em que analisamos a evolução das teorias sobre finanças, que em muitos momentos surgiram alguns estudos ou teorias ligados à economia e à contabilidade? Pois é, a função financeira em uma empresa se relaciona muito com essas outras duas ciências, mas, ao mesmo tempo, difere delas em alguns aspectos. Convidamos você a refletir um pouco antes de prosseguirmos: Quais são as diferenças e as semelhanças que você imagina que existam entre administração financeira, economia e contabilidade?

Quando falamos nas decisões financeiras acompanhadas pelo administrador financeiro, precisamos ter em mente que elas desempenham um papel muito importante na operação de uma empresa. Isso ocorre principalmente porque todas as áreas da empresa precisam interagir com o pessoal de finanças para que consigam realizar efetivamente suas responsabilidades. Mas você consegue imaginar por que isso acontece?

É simples: todas as áreas têm de justificar suas necessidades de recursos. A área financeira da empresa, para poder executar o planejamento financeiro, necessita de informações financeiras úteis de todas as áreas e ainda precisa ter a capacidade de trabalhar com todos na empresa. E, para que a área financeira possa executar sua função, é necessário antes focalizar o papel organizacional e o relacionamento com a economia e com a contabilidade.

Figura 1.1 – Relacionamento de finanças com outras ciências

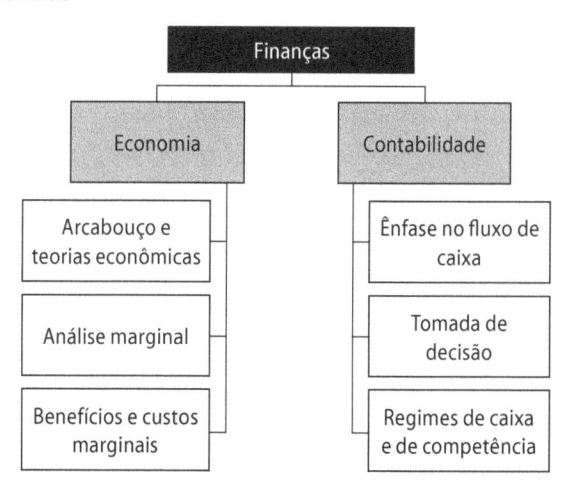

```
                        ┌─────────────┐
                        │  Finanças   │
                        └──────┬──────┘
                   ┌───────────┴───────────┐
            ┌──────┴──────┐         ┌──────┴──────┐
            │  Economia   │         │ Contabilidade│
            └──────┬──────┘         └──────┬──────┘
        ┌─────────┤                        ├─────────┐
 ┌──────┴───────┐ │              ┌─────────┴──────┐
 │ Arcabouço e  │ │              │ Ênfase no fluxo│
 │teorias econô-│ │              │    de caixa    │
 │    micas     │ │              └────────────────┘
 └──────────────┘ │              ┌────────────────┐
 ┌──────────────┐ │              │   Tomada de    │
 │   Análise    ├─┤              │    decisão     │
 │   marginal   │ │              └────────────────┘
 └──────────────┘ │              ┌────────────────┐
 ┌──────────────┐ │              │Regimes de caixa│
 │Benefícios e  ├─┘              │ e de competência│
 │custos        │                └────────────────┘
 │marginais     │
 └──────────────┘
```

O relacionamento da função financeira com a economia se dá primeiramente com a compreensão do arcabouço econômico como um todo, em associação com as teorias econômicas (muitas das quais vimos no Quadro 1.1). Por exemplo, a área financeira deve sempre analisar os reflexos das teorias econômicas sobre as operações e sobre o planejamento empresarial como um todo, pois são essas teorias que fornecerão as diretrizes para se realizarem as operações com eficiência, como a análise da oferta e da procura, as estratégias para maximização do lucro e a teoria dos preços. A junção entre as finanças e a economia se dá com a aplicação de um princípio econômico básico, a **análise marginal**, a qual determina que as decisões financeiras devem ser tomadas e realizadas quando os benefícios adicionais superam os custos adicionais. Vamos tentar entender esse conceito com um exemplo bem simples e prático.

> Imagine uma empresa industrial que está pensando em substituir sua principal máquina, que já está bem antiga, por uma novinha em folha, bem mais sofisticada e tecnológica, capaz de produzir mais produtos mais rapidamente do que o volume atual de transações. Essa máquina nova custa R$ 2.500.000,00, mas o fornecedor só vende esse produto à vista. A empresa foi procurada por um concorrente que pretende comprar a máquina antiga por R$ 1.300.000,00. Tendo todos esses dados em mãos, o administrador financeiro aplicou alguns princípios econômicos. Concluiu que seria gerado o valor de R$ 3.120.000,00 em benefícios para a empresa com a nova aquisição e ainda descobriu que a máquina antiga, no mesmo período, geraria somente R$ 1.250.000,00 em benefícios. Para comprovar essa pequena engenharia econômica, o administrador financeiro preparou uma tabela simples, na qual aplicou a análise marginal, e obteve o seguinte resultado:
> - O benefício marginal adicionado da nova máquina é calculado por meio da diferença entre os benefícios da nova máquina (R$ 3.120.000,00) e os benefícios da máquina antiga (R$ 1.250.000,00); assim, a nova máquina iria adicionar R$ 1.870.000,00 em benefícios marginais.

- O custo marginal da nova máquina é calculado por meio da diferença entre o custo da nova máquina (R$ 2.500.000,00) e a receita com a venda da máquina antiga (R$ 1.300.000,00); assim, o custo marginal adicionado nesta operação seria de R$ 1.200.000,00.
- O benefício líquido dessa operação, que realmente demonstra a análise marginal, é calculado por meio da diferença entre os benefícios marginais adicionados (R$ 1.870.000,00) e o custo marginal adicionado da operação (R$ 1.200.000,00), gerando um benefício líquido para a empresa de R$ 670.000,00.

Já que os benefícios marginais excederam os custos marginais, tendo como base a análise marginal, recomenda-se a aquisição da nova máquina. O administrador financeiro conseguiu comprovar, assim, que, com a compra da nova máquina, a empresa teria um ganho líquido de R$ 670.000,00, resultante dessa operação efetiva.

Por outro lado, o relacionamento da função financeira com a contabilidade nem sempre se separa de uma maneira tão fácil assim, pois as duas se sobrepõem em muitos momentos: na ênfase no fluxo de caixa e na tomada de decisão. A contabilidade procura focar diretamente o regime de competência, que, de acordo com Bazzi (2014, p. 176), é "a sistemática de registro contábil que considera os fatos contábeis no momento em que ocorrem e não no momento da efetiva movimentação financeira, como ocorre no regime de caixa".

O regime de caixa é utilizado pela administração financeira principalmente na estruturação do fluxo de caixa, que é uma das principais ferramentas utilizadas para o planejamento financeiro.

Já a segunda diferença, o processo de tomada de decisão, remete-nos ao fato de que a contabilidade basicamente coleta e apresenta os dados financeiros e os estrutura nos demonstrativos contábeis, enquanto o administrador financeiro analisa esses dados e toma suas decisões com base em avaliações acerca dos riscos e retornos inerentes.

Vamos continuar a analisar o exemplo anterior, em que a empresa vendeu sua máquina antiga por R$ 1.300.000,00. Essa máquina antiga foi adquirida por R$ 1.100.000,00 há quase dois anos, mas, de acordo com o que foi combinado com o comprador, ele somente efetuará o pagamento em 90 dias, ou seja, no final do mês de janeiro do ano seguinte. Tendo essas questões em mente, percebemos que a visão do administrador financeiro e a do contador são totalmente diferentes, pois um irá analisar essa operação por meio das considerações do regime de caixa e o outro pelo regime de competência, conforme as tabelas a seguir:

Tabela 1.1 – Resultado pela visão do contador

Resultado – visão do contador	
Vendas	R$ 1.300.000,00
(–) Custos	R$ 1.100.000,00
Resultado	**R$ 200.000,00**

Tabela 1.2 – Resultado pela visão do administrador financeiro

Resultado – visão do adm. financeiro	
Vendas	R$ –
(–) Custos	R$ 1.100.000,00
Resultado	**R$ 1.100.000,00**

Podemos perceber claramente que, para a contabilidade, essa operação é bastante lucrativa para a empresa, mas, quando analisada em relação ao efeito do fluxo de caixa, ela não é muito satisfatória, pois a falta de caixa da empresa resultou da quantia de R$ 1.300.000,00 que ainda não foi recebida. A tomada de decisão do administrador financeiro deverá estar focada nas adequadas entradas de caixa futuras, que servirão para quitar as obrigações. Se isso não acontecer, a empresa não sobreviverá (finanças), apesar de apresentar um nível satisfatório de lucratividade (contabilidade).

Toda a função financeira em uma empresa deve se basear nesses dois elementos que analisamos até agora, mas ainda precisamos inserir na função das finanças empresariais alguns objetivos bem específicos da administração financeira.

1.2 Objetivos de finanças

Em primeiro lugar, precisamos ter sempre em mente que a administração financeira é um tipo de atividade empresarial orientada por objetivos. Mas será que você sabe efetivamente quais são os objetivos que a área de finanças deve perseguir, independentemente do tipo ou do tamanho da empresa? Antes de prosseguirmos, pense por alguns instantes sobre essa questão.

A área financeira de uma empresa deve buscar realizar ações relacionadas com as análises e o planejamento financeiro, sempre visando tentar cumprir os objetivos principais dos proprietários da empresa. Entre os vários objetivos que devem ser perseguidos pela área financeira de uma empresa, entendemos que três sintetizam todas essas ações, conforme vemos na Figura 1.2.

Figura 1.2 – Objetivos de finanças

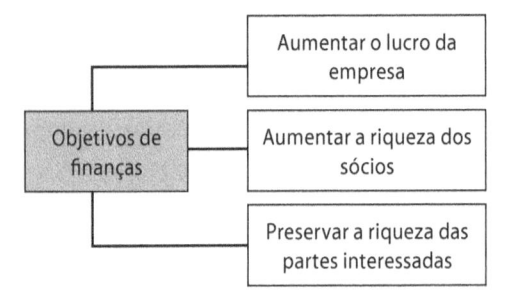

```
                    ┌─ Aumentar o lucro da empresa
Objetivos de ───────┼─ Aumentar a riqueza dos sócios
finanças            └─ Preservar a riqueza das partes interessadas
```

Cada um desses objetivos tem características específicas, mas que acabam se completando simultaneamente em determinados momentos. Vamos analisar com mais detalhes esses objetivos:

- **Aumentar o lucro da empresa** implica tomar providências com a expectativa de contribuir constantemente para a lucratividade da organização, escolhendo aquelas que podem resultar em um maior retorno financeiro possível.

- **Aumentar a riqueza dos sócios** implica considerar cada uma das alternativas relacionadas com a decisão financeira a ser tomada, tendo em mente quais serão os impactos ao capital investido pelos sócios na empresa. Para tal, a área financeira pode executar algumas ações específicas em relação ao lucro, aos custos ou à participação de mercado da empresa. Quanto maiores forem os lucros, menores serão os custos operacionais e, quanto maior for a participação de mercado da empresa, maior será a possibilidade de que se consiga aumentar a riqueza dos sócios, remunerando mais ainda o capital investido por eles na empresa.

- **Preservar a riqueza das partes interessadas** é uma consequência direta do aumento da riqueza dos sócios, pois, se estes têm sua riqueza aumentada, a tendência de que eles continuem investindo na empresa é muito grande, preservando-se, assim, a riqueza das partes interessadas, como empregados, clientes, fornecedores, credores e outros que têm um vínculo financeiro direto com a empresa. De acordo com Gitman (2010, p. 34), "os empregados são remunerados pelo seu trabalho, os clientes compram os produtos e/ou serviços da empresa, os fornecedores são pagos pelos materiais e serviços por eles fornecidos, e os credores concedem financiamentos". Esse objetivo não visa melhorar especificamente a posição das partes interessadas, mas preservá-la.

Esse três objetivos se complementam com as atividades a serem executadas pela área financeira, as quais devem sempre ser executadas como se fossem atividades-chave do administrador financeiro.

1.2.1 Atividades-chave da área financeira

As atividades da área financeira se confundem diretamente com as atividades-chave do administrador financeiro e se relacionam, ainda, com as demonstrações financeiras básicas fornecidas pela contabilidade. Basicamente, são três as atividades fundamentais das finanças, conforme explicitado na Figura 1.3.

Figura 1.3 – Atividades-chave de finanças

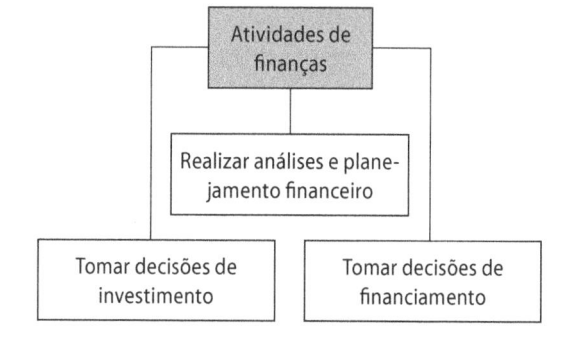

```
                    ┌─────────────────┐
                    │  Atividades de  │
                    │     finanças    │
                    └─────────────────┘
                             │
                ┌────────────┼────────────┐
                │            │            │
                │   ┌─────────────────┐   │
                │   │Realizar análises│   │
                │   │   e planeja-    │   │
                │   │mento financeiro │   │
                │   └─────────────────┘   │
        ┌───────────────┐         ┌───────────────┐
        │Tomar decisões │         │Tomar decisões │
        │de investimento│         │de financiamento│
        └───────────────┘         └───────────────┘
```

Antes de analisarmos cada uma dessas atividades e como se relacionam com as demonstrações contábeis, principalmente com o Balanço Patrimonial (BP), vamos ver como se dá esse relacionamento. É importante frisarmos ainda que, embora as decisões de investimento e as decisões de financiamento sejam convenientemente associadas ao Ativo e ao Passivo do BP, essas decisões devem ainda ser analisadas em relação aos efeitos que elas terão sobre o fluxo de caixa.

Figura 1.4 – Atividades relacionadas com o Balanço Patrimonial

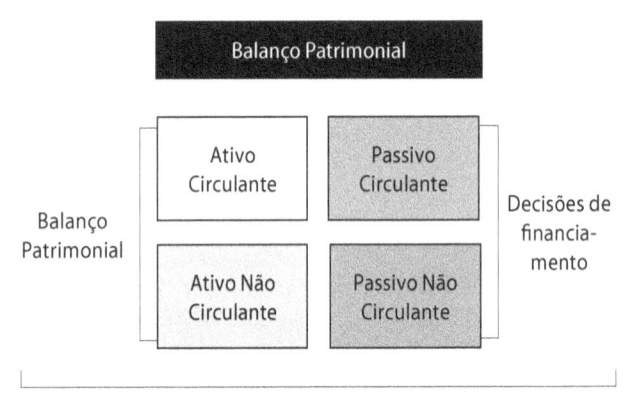

Balanço Patrimonial		
	Ativo Circulante	Passivo Circulante
Balanço Patrimonial			Decisões de financiamento
	Ativo Não Circulante	Passivo Não Circulante

Decisões de financiamento

Visto isso, agora podemos analisar com mais detalhes as principais atividades da administração financeira.

- As **análises e o planejamento financeiro** consistem em transformar todos os dados contábeis da empresa de forma que, quando estes forem utilizados, possam auxiliar no monitoramento da situação financeira atual e futura. Isso também auxilia na avaliação das necessidades do financiamento ou das capacidades de produção, fazendo uma prospecção positiva da situação. Para que sejam realizadas essas análises e esse planejamento, é necessária a base contábil fornecida pelo BP, pela Demonstração do Resultado do Exercício (DRE), além de outras demonstrações. Outra questão relevante em relação a essas atividades é que, por mais que as demonstrações contábeis sejam desenvolvidas tendo como base o regime de competência, o objetivo aqui é o de avaliar o fluxo de caixa da empresa e, ainda, auxiliar no desenvolvimento de planos que possam assegurar os recursos adequados para se alcançarem os objetivos previamente determinados.

- As **decisões de investimento** são aquelas que determinam como serão as transações entre os ativos e passivos da empresa, combinando esse relacionamento diretamente com o BP. As decisões de investimento se referem especificamente ao total de recursos que são aplicados no Ativo Circulante e no Ativo Não Circulante. A área de finanças da empresa utiliza essas informações das combinações para poder fixar e manter determinados níveis para cada tipo de ativo, além de auxiliar no processo de decisão de se adquirir ou não um Ativo Não Circulante. Essas decisões podem afetar diretamente no sucesso da empresa na execução dos seus objetivos.

- As **decisões de financiamento** se relacionam inicialmente com os financiamentos da empresa, sejam no curto prazo (Passivo Circulante), sejam no longo prazo (Passivo Não Circulante). Um segundo relacionamento das decisões de financiamento é o de identificar quais são as melhores fontes de financiamento individuais para a empresa, de acordo com suas necessidades em momentos específicos. Novamente, o que interessa para a administração financeira é o real efeito dessas decisões na execução dos objetivos da organização.

Mas essas decisões isoladas por si só não representam grandes benefícios para a empresa como um todo. Ainda é necessário consideramos as dimensões da administração financeira, tema que veremos na sequência.

1.3 Dimensões da administração financeira

A área financeira de uma empresa deve se interessar, basicamente, pelo seu desempenho, tanto do passado quanto do futuro, além de analisar todos os registros financeiros apontados nas demonstrações contábeis e elaborar algumas previsões das condições financeiras para os próximos períodos.

Não podemos ignorar nas dimensões da administração financeira o exame dos fatos que já aconteceram na empresa, que devem essencialmente ser analisados de uma maneira totalmente analítica, compreendendo, assim, o estudo dos fluxos de fundos do passado, como os pagamentos efetuados aos fornecedores, os recebimentos dos clientes, os pagamento dos salários e os pagamentos dos tributos.

Dessa forma, podemos considerar como uma das mais importantes tarefas da área de finanças da empresa o planejamento. É por meio dele que podemos avaliar as reais necessidades de recursos financeiros, tanto no presente quanto no futuro, buscando sempre gerar algumas novas entradas de recursos, de capital e de custos, além de outras alternativas externas para levantar fundos externos e resolver outros problemas que ainda possam surgir.

Entretanto, o planejamento por si só não consegue atender aos objetivos e às atividades da administração financeira. Assim, devemos associá-lo a algumas atividades de controle, nas quais os resultados obtidos são confrontados de acordo com as projeções efetuadas previamente. Alguns questionamentos podem ser feitos quando, por exemplo, pretendemos controlar o que foi planejado:

- O volume de vendas tem acompanhado as previsões para o período?
- Como a empresa tem efetuado o pagamento das suas dívidas com os fornecedores?

- O recebimento das contas a receber está de acordo com as previsões?
- Os custos, principalmente os de produção, estão dentro dos limites estabelecidos previamente?
- Os estoques estão muito superiores em relação ao volume exigido pelas vendas que foram previstas?

Estas são somente algumas das questões que podem ser levantadas na dimensão de controle das finanças de uma empresa; muitas outras podem surgir, de acordo com as necessidades informacionais dos tomadores de decisão.

Mas o que interessa realmente é o efeito de cada um dos questionamentos formulados anteriormente para o período quando pensados em relação ao equilíbrio ou ao desequilíbrio do planejamento financeiro. Para que o controle possa refletir claramente o planejamento, existe a necessidade de sempre se buscar o equilíbrio entre as entradas e as saídas dos recursos financeiros, que devem retratar confiabilidade e, como consequência, demonstrar a rentabilidade da empresa.

1.3.1 Rentabilidade e confiabilidade

Quando paramos para analisar a rentabilidade e a confiabilidade da dimensão financeira de uma empresa, encontramos um denominador comum, que permeia toda essa análise: o lucro, como consequência direta. Isso quer dizer que, se uma empresa apresentar lucro no final do período analisado, a área financeira terá de verificar se a lucratividade – e, como consequência, a rentabilidade – é adequada e satisfatória. Para isso, deve verificar se o desempenho da empresa ficou acima, igual ou inferior em relação ao que foi planejado como meta a ser atingida. Assim, para estimarmos as necessidades de recursos financeiros para o atendimento do planejamento financeiro, devemos avaliar três aspectos específicos:

1. a rentabilidade que foi projetada;
2. a taxa de lucro previsto adequada para a realidade da empresa;
3. o custo financeiro de captação dos recursos necessários.

Em relação à confiabilidade, devemos considerar três aspectos, de acordo com períodos de tempo do passado, do presente e do futuro próximo, como podemos observar na Figura 1.5.

Figura 1.5 – Aspectos temporais

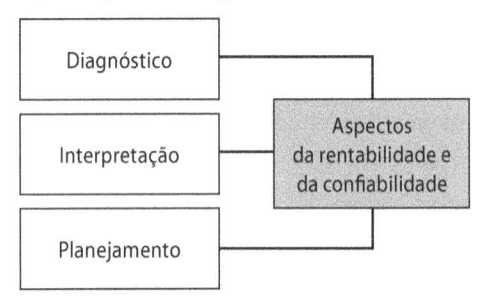

```
┌──────────────┐
│ Diagnóstico  │────────┐
└──────────────┘        │    ┌──────────────────┐
                        │    │     Aspectos     │
┌──────────────┐        ├────│ da rentabilidade e│
│ Interpretação│────────┤    │ da confiabilidade │
└──────────────┘        │    └──────────────────┘
                        │
┌──────────────┐        │
│ Planejamento │────────┘
└──────────────┘
```

O **diagnóstico** busca estimar o movimento mais provável das entradas e saídas de dinheiro no caixa da empresa, separando-o em dias, semanas e meses, de modo a tentar combinar um fluxo mais contínuo das fontes e das aplicações financeiras de recursos. Mas não podemos nos esquecer de que esse fluxo não é sempre contínuo e que às vezes ele é muito desigual: em determinados períodos, as receitas de vendas da empresa podem ser maiores do que os pagamentos que são feitos para os fornecedores, os empregados ou outras pessoas. O inverso também pode acontecer e deve ser diagnosticado com antecedência, evitando problemas futuros, como a falta de dinheiro.

A **interpretação** permite que seja analisado o desempenho do passado da empresa, sempre tendo como base os demonstrativos contábeis, que refletem automaticamente os resultados das operações passadas. A área financeira deve examinar, em detalhes, qual é o real significado dos valores que foram obtidos na interpretação das demonstrações, assinalando alguns fatores específicos, principalmente os que levaram a empresa a ficar nas condições atuais.

Por fim, o **planejamento** proporciona uma análise não apenas das necessidades financeiras em períodos futuros, mas também de algumas perspectivas de mercado, sempre embasadas em análises e planejamento financeiro, com as decisões de investimento e de financiamento.

1.4 Processo de tomada das decisões financeiras

Ao analisar o desempenho empresarial, tendo como base o passado, e ao preparar o planejamento financeiro, a área financeira deve sempre pensar nos custos e na lucratividade da empresa. Isso inclui indicar para os tomadores de decisão os totais envolvidos nas mais diferentes alternativas existentes. Nesse momento, o administrador financeiro deve se orientar por critérios impessoais, objetivos e racionais, tentando não se envolver tanto no processo de tomada de decisão.

Para tal, deve utilizar os aspectos qualitativos da atividade empresarial, não se prendendo somente aos que são apresentados nas demonstrações contábeis disponibilizadas. Um qualitativo importante nesse processo é o fator humano, pois o **administrador financeiro** não trabalha somente com valores monetários, devendo se preocupar com as relações humanas envolvidas.

Contudo, tanto os fatores quantitativos quanto os qualitativos trazem associados diretamente a eles a incerteza, que, em finanças, é analisada de duas maneiras diferentes: pelo risco e pelo retorno.

1.4.1 Risco e retorno

O principal questionamento que devemos fazer quando tomamos uma decisão financeira na empresa deve ser: Será que essa decisão trará algum risco? Esse questionamento nem sempre vai nos conduzir diretamente até a decisão correta, mas vai nos auxiliar, e muito, no processo de tomada de decisão financeira da organização. Um passo errado pode perfeitamente significar a perda de muito tempo, além de trazer um certo tipo de aborrecimento, podendo até mesmo levar à falência da empresa.

As análises das decisões financeiras sempre estarão associadas às consequências do risco e do retorno, por exemplo: geralmente uma decisão de baixo risco proporciona um baixo retorno; já uma decisão de alto risco proporciona um alto retorno.

Você se lembra dos objetivos de finanças que vimos anteriormente: aumentar o lucro da empresa, aumentar a riqueza dos sócios e preservar a riqueza das partes interessadas? Pois então, o objetivo de aumentar o lucro da empresa nem sempre leva em consideração o risco, porém aumentar a riqueza dos sócios e, consequentemente, da empresa considera o risco de uma maneira completamente explícita. Isso acontece por causa de uma premissa, que pode ser considerada como básica, na relação entre o risco e o retorno: os sócios da empresa esperam obter cada vez maiores retornos dos seus investimentos de maior risco, sendo que o contrário também acontece.

Dessa forma, a administração financeira da empresa deve considerar que os sócios exigem sempre retornos maiores para riscos maiores e, ainda, que o impacto dos riscos sobre os retornos esperados deve ser considerado de uma maneira adequada. Portanto, o administrador financeiro precisa buscar constantemente o aumento da riqueza dos sócios, pois é nela que encontramos um risco maior para a empresa.

Estudo de caso

O blog GuiaBolso, em 6 de março de 2015, publicou um pequeno texto (reproduzido a seguir, com adaptações) em que se questiona o que efetivamente faz um gestor financeiro em uma empresa.

O QUE FAZ UM GESTOR FINANCEIRO?

Profissional essencial e estratégico para as operações de qualquer empresa, o gestor financeiro tem um leque de responsabilidades. É ele que cuida do planejamento das finanças da companhia, da gestão da equipe e dos recursos da área financeira. O gestor financeiro também tem atuação decisiva na prestação de contas para a diretoria e presta um valioso auxílio na tomada de decisões. Confira tudo o que faz um gestor financeiro:

- **Resumo das funções:** O gestor financeiro atua diretamente no planejamento das finanças da empresa. É o responsável por organizar, captar e aplicar os recursos da sua companhia. Um gestor financeiro tem como responsabilidade analisar demonstrativos contábeis e créditos, além de fazer uma avaliação da manutenção de estoques e acompanhar fluxos de caixa e faturamentos.

- **Principais objetivos:** O gestor financeiro tem como principais objetivos aumentar o valor do Patrimônio Líquido de uma companhia ao gerar lucro líquido por meio das atividades operacionais da organização. Para isso, o profissional conta com um sistema de informações gerenciais que possibilita que ele conheça e analise a situação financeira da companhia e possa tomar as decisões gerenciais mais adequadas para maximizar os resultados financeiros.

- **Análise de mercado**: O profissional que atua como gestor financeiro faz uma análise do mercado e propõe alterações que influenciem no desempenho econômico da empresa. Pode ocupar os cargos de analista, consultor, assistente ou assessor do mercado financeiro. Seu campo de atuação é vasto – de departamentos financeiros de companhias até corretoras de valores e instituições financeiras. Muitos optam ainda por atuar como autônomos, trabalhando como consultores.
- **Responsabilidade por transações**: O gestor financeiro cuida das atividades corriqueiras dentro da área de finanças, como contas a pagar e a receber, toda a sorte de rotinas fiscais, contabilização de documentos e geração de notas e relatórios fiscais. Ao executar essas atividades repetitivas, o gestor financeiro busca o menor custo possível por meio de maior eficiência.
- **Controle financeiro**: Como gestor financeiro, o profissional é responsável pelas atividades de controle, que têm como objetivo certificar-se de que os objetivos e a missão da companhia estão sendo alcançados com um grau aceitável de risco. Relatórios de *performance*, normas, procedimentos, orçamento e auditoria interna estão entre as atividades de controle exercidas pelo gestor financeiro, que tem como meta minimizar riscos para as finanças e para a organização com um todo.
- **Tomada de decisões**: O gestor financeiro ocupa um papel cada vez mais estratégico nas empresas. A atuação do profissional é responsável pela melhoria do processo decisório dos gestores, criando valor para os acionistas e para o próprio processo. O gestor financeiro deve ter uma abordagem racional, não se esquecendo de humanizar os dados financeiros, tendo em vista que uma organização é feita por pessoas.

> Com o aumento da importância estratégica da área financeira, o gestor não atua apenas nesse setor, auxiliando na tomada de decisões no negócio como um todo.

Fonte: GuiaBolso, 2015.

Tendo como base o texto lido, podemos relacionar tudo o que o gerenciador financeiro de uma empresa faz com a arte e a ciência, definindo a administração financeira moderna.

Síntese

Percebemos até aqui que praticamente tudo o que é executado em uma empresa, independentemente da sua atividade ou do seu tamanho, sempre envolve recursos financeiros e se orienta para a obtenção de lucro e, como consequência, de rentabilidade.

A área financeira, dessa forma, deve cuidar da efetiva viabilidade financeira da empresa, sendo que a maioria das decisões tomadas devem ser medidas utilizando-se termos financeiros. Por causa disso, a figura do administrador financeiro é de grande importância, pois é ele quem desempenha um papel primordial na operação da empresa. Para que ele compreenda a função financeira básica, é preciso que tenha um conhecimento prévio de duas outras ciências: a economia e a contabilidade. Da economia serão utilizados na gestão financeira da empresa o arcabouço e as teorias econômicas, a análise marginal, os benefícios e os custos marginais; já da contabilidade temos a ênfase no fluxo de caixa, a tomada de decisão e os regimes de caixa e de competência.

Não nos esqueçamos também dos três objetivos da administração financeira: aumentar o lucro da empresa, aumentar a riqueza dos sócios e preservar a riqueza das partes interessadas. Todas as ações financeiras tomadas devem ter como base atender a esses objetivos, que estão diretamente inter-relacionados. Os objetivos estão refletidos, de forma clara, no Balanço Patrimonial (BP), que demonstra a posição financeira da empresa em determinado momento. Eles se dividem nas atividades-chave de finanças: realizar análises e planejamento financeiro, tomar decisões de investimento e tomar decisões de financiamento.

Fechamos os estudos deste capítulo analisando os três aspectos temporais da administração financeira (diagnóstico, interpretação e planejamento), que contribuem para a avaliação dos dados financeiros, além de refletir a posição financeira geral da empresa. Para realizar essa avaliação, a área financeira irá inspecionar todas as operações da organização, identificando o risco e o retorno inerentes a cada uma dessas operações e associando-as diretamente com os objetivos de finanças que devem sempre ser perseguidos.

Exercícios resolvidos

1. Qual deve ser a meta principal a ser perseguida por um administrador financeiro de uma empresa?
   a) Aumentar o número de sócios para a empresa.
   b) Aumentar o lucro da empresa.
   c) Diminuir os custos da empresa.
   d) Aumentar a riqueza dos sócios.
   e) Preservar a riqueza das partes interessadas.

   Resolução:
   d. A administração financeira da empresa deve considerar que os sócios exigem um retorno maior para um risco maior. Portanto, o administrador financeiro deve buscar o aumento da riqueza dos sócios, pois é nela que encontramos um risco financeiro maior para a empresa.

2. Sobre a administração financeira, analise as afirmativas a seguir e assinale a única **incorreta**:

   a) A palavra *ciência* na definição de *finanças* implica que existem alguns fatos comprovados subjacentes às decisões financeiras.
   b) Entre as várias obrigações do administrador financeiro na empresa, inclui-se tipicamente a preparação das demonstrações financeiras.
   c) A administração financeira relaciona-se estreitamente com a economia e com a contabilidade, porém difere bastante dessas áreas.
   d) Leva em conta o equilíbrio entre risco e retorno.
   e) Avalia a capacidade de geração de riqueza da empresa.

   Resolução:
   b. A preparação das demonstrações financeiras não é de responsabilidade do administrador financeiro, mas do contador da empresa.

3. A administração financeira volta-se basicamente ao planejamento e ao controle financeiro, às decisões de investimento e às decisões de financiamento. Assim, **não** é correto o que se afirma em:

   a) No planejamento financeiro, são evidenciadas a necessidades de expansão da empresa e a identificação de eventuais desajustes futuros.
   b) A administração de ativos tem por objetivo obter a melhor estrutura, em termos de risco e retorno, dos investimentos empresariais e proceder a um gerenciamento eficiente de seus valores.
   c) A administração de passivo está associada à gestão da liquidez e capital de giro, em que são avaliadas eventuais defasagens entre entrada e saída de dinheiro de caixa.

d) O levantamento de fundos de provedores de capital, envolvendo principalmente o gerenciamento das obrigações financeiras e a composição do passivo, identificando a estrutura adequada em termos de liquidez, redução de seus custos e risco financeiro, é característica da administração de passivo.

e) O planejamento e o controle financeiro, as decisões de investimento e as decisões de financiamento são considerados as principais atividades financeiras relacionadas diretamente com o Balanço Patrimonial.

Resolução:

c. A administração de passivo se relaciona diretamente com decisões de financiamento, e não é possível analisar a gestão da liquidez e do capital de giro utilizando-se somente os passivos.

Questões para revisão

1. (Enade/Ciências Contábeis – 2009) Leia as afirmativas:

    Diretores Financeiros são responsáveis por decisões acerca de como investir os recursos de uma empresa para expandir seus negócios e sobre como obter tais recursos. Investidores são instituições financeiras ou indivíduos que financiam os investimentos feitos pelas empresas e governos. Assim, decisões de investimento tomadas por Diretores Financeiros e Investidores são, normalmente, semelhantes.

    PORQUE

    As decisões de investimento dos Diretores Financeiros focalizam os ativos financeiros (ações e títulos de dívidas), enquanto as decisões de investimento dos Investidores focalizam ativos reais (edificações, máquinas, computadores etc.).

Com base na leitura dessas frases, é CORRETO afirmar que:
a) a primeira afirmação é falsa, e a segunda é verdadeira.
b) a primeira afirmação é verdadeira, e a segunda é falsa.
c) as duas afirmações são falsas.
d) as duas afirmações são verdadeiras, e a segunda é uma justificativa correta da primeira.
e) as duas afirmações são verdadeiras, mas a segunda não é uma justificativa correta da primeira.

2. (Enade/Administração – 2009) Leia o texto:

Durante sua atividade profissional, os administradores precisam tomar inúmeras decisões que envolvem riscos com impacto no desempenho de suas organizações. Fazem-no num contexto em que não dispõem de informações suficientes e têm restrições de recursos e de tempo para coletar mais informações para apoiar o seu processo decisório. Além disso, possuem limitações cognitivas que impedem alcançar uma solução ótima para os problemas que enfrentam.

Com base no texto, é CORRETO afirmar que os administradores tomam decisões num contexto de racionalidade:

a) instrumental.
b) legal.
c) limitada.
d) plena.
e) técnica.

3. (Enade/Administração – 2006) Desde o início de seu Curso o jovem gerente tinha aprendido que uma das atividades mais desafiadoras do Administrador era tomar decisões, em especial, em grandes empresas. Ele, todavia, estava agora no comando da pequena empresa pertencente à sua família. Nesta situação, no Brasil, pode-se afirmar que as decisões, na maioria dos casos, tendem a ser:

a) programadas, ocorrendo raras decisões não programadas.
b) concentradas em uma alternativa, pois há limites de tempo.
c) condicionadas pela baixa turbulência do ambiente de negócio.
d) tomadas com base na racionalidade plena.
e) arriscadas, apesar de ser difícil mensurar o risco.

4. No início do século XXI, uma nova lei foi aprovada nos Estados Unidos, cujos reflexos se estenderam praticamente para o mundo. Que lei foi essa e qual foi o principal conceito que ela acabou incorporando à administração financeira das empresas?

5. Quais são as relações existentes entre o risco e o retorno quando se analisam as finanças de uma empresa?

Saiba mais

Para saber mais sobre as funções a serem executadas por um administrador financeiro em uma empresa, acesse o *site* do Instituto Brasileiro de Executivos de Finanças, seccional do Paraná, disponível no endereço <http://www.ibefpr.com.br/index.php>. No menu principal, clique em **Institucional**, depois em **Código de Ética** e leia o Código de Ética do administrador financeiro.

IBEF – Instituto Brasileiro de Executivos de Finanças. **Código de Ética**. Disponível em: <http://www.ibefpr.com.br/codigo.php>. Acesso em: 17 nov. 2015.

Perguntas & respostas

1. **Defina *finanças*, inserindo essa área no contexto de uma empresa em funcionamento.**

    Resposta: O termo *finanças* pode ser definido como as maneiras diferenciadas pelas quais as organizações captam e alocam o capital, usando os recursos financeiros e responsabilizando-se pelos riscos envolvidos em suas ações.

2. **O que é a administração financeira?**

    Resposta: Administração financeira é o processo e a análise realizados para se tomarem decisões financeiras, sempre no âmbito do contexto empresarial.

Finanças e o mercado financeiro 2

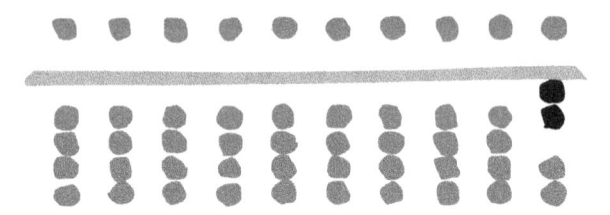

Conteúdos do capítulo:

- Finanças e o mercado financeiro.
- Estrutura do Sistema Financeiro Nacional (SFN).
- Mercado monetário, de crédito, de capitais e de câmbio.
- Cenário econômico brasileiro.

Após o estudo deste capítulo, você será capaz de:

1. entender a organização do Sistema Financeiro Nacional (SFN);
2. detalhar os tipos de mercado que compõem o mercado financeiro;
3. analisar as conjunturas econômica e social do cenário econômico brasileiro.

Neste capítulo, analisaremos a estrutura funcional do Sistema Financeiro Nacional (SFN), principalmente por meio das legislações que o regulam, e seus dois principais subsistemas, destacando as atribuições de cada órgão que compõe o sistema como um todo.

Inicialmente, precisamos entender claramente que o SFN é composto por dois grandes subsistemas, que classificam todas as ações executadas, como vemos na Figura 2.1.

Figura 2.1 – Estrutura do SFN

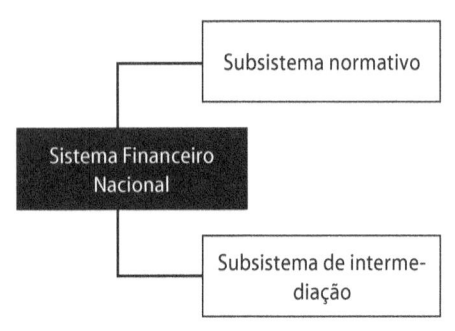

```
                    ┌──────────────────────────┐
                    │   Subsistema normativo   │
┌──────────────────┐│                          │
│ Sistema Financeiro├┤                          │
│     Nacional     ││                          │
└──────────────────┘│  Subsistema de interme-  │
                    │         diação           │
                    └──────────────────────────┘
```

O primeiro subsistema do SFN é o **subsistema normativo**, que tem a responsabilidade de reger todo o sistema, além da função de fiscalizar todas as aplicações existentes por meio dos órgãos normativos e das entidades supervisoras. Já o segundo é o **subsistema de intermediação**, também chamado de *operador*, em que constam as instituições que realizam efetivamente as transações (intermediações) financeiras no mercado, ligando os agentes superavitários (aqueles que têm dinheiro sobrando) aos agentes deficitários (aqueles que precisam de dinheiro).

Mas não podemos dividir o SFN somente nesses dois subsistemas, pois a estrutura é muito mais complexa que isso. Portanto, vamos ampliar nosso entendimento desse sistema como um todo.

2.1 Organização do Sistema Financeiro Nacional (SFN)

O SFN, considerando-se a separação dos seus próprios subsistemas, nada mais é do que um agrupamento entre várias instituições do sistema, cada uma com responsabilidades específicas e alguns objetivos em comum, como a captação, a distribuição e o controle dos recursos financeiros que circulam em todas as fases e instâncias.

Para Lemes Júnior, Rigo e Cherobin (2010, p. 245), a captação dos recursos financeiros não tem sido muito satisfatória no Brasil, principalmente em razão de quatro fatores básicos:

1. a globalização, que provocou uma mudança radical nos papéis desempenhados por governos e empresas, com profundas transformações nos mercados locais;

2. a grande reestruturação dos sistemas financeiros internacionais, com a crescente facilidade das transferências de recursos entre países, empresas e investidores;

3. o surgimento de novos e sofisticados instrumentos financeiros, a revolução na área das telecomunicações e da informática e a expansão da internet na obtenção de informações sobre preços de bens e serviços;

4. a escassez de crédito, advinda da crise do sistema financeiro americano (*subprime*) e de suas derivações em praticamente todo o mundo.

Para controlar e acompanhar todas essas questões de extrema relevância, o SFN é segmentado em várias instituições, que compõem seus dois subsistemas, como as que vemos no Quadro 2.1.

Quadro 2.1 – Estruturação das entidades do SFN

Órgãos normativos	Entidades supervisoras	Operadores	Instituições
CMN Conselho Monetário Nacional	Bacen Banco Central do Brasil	Instituições financeiras captadoras de depósito à vista	Bancos múltiplos com carteira comercial
			Bancos comerciais
			Caixas econômicas
			Cooperativas de crédito
			Bancos cooperativos

(continua)

(Quadro 2.1 – conclusão)

Órgãos normativos	Entidades supervisoras	Operadores	Instituições
CMN Conselho Monetário Nacional	CVM Comissão de Valores Mobiliários	Demais instituições financeiras	Bancos múltiplos sem carteira comercial
			Bancos de investimento
			Bancos de desenvolvimento
			Sociedades de crédito, financiamento e investimento
			Sociedades de crédito imobiliário
			Companhias hipotecárias
			Associações de poupança
		Outros intermediários ou auxiliares financeiros	Bolsas de mercadorias e de futuros
			Bolsas de valores
			Sociedades corretoras de títulos e valores mobiliários
			Sociedades distribuidoras de títulos e valores mobiliários
			Sociedades de arrendamento mercantil
			Sociedades corretoras de câmbio
			Agentes autônomos de investimento
CNSP Conselho Nacional de Seguros Privados	Susep Superintendência de Seguros Privados	Entidades ligadas aos sistemas de previdência e seguros	Entidades fechadas de previdência
			Entidades abertas de previdência
			Sociedades seguradoras
			Sociedades de capitalização
			Sociedades administradoras de seguro-saúde
	IRB Brasil Resseguros	Entidades administradoras de recursos de terceiros	Fundos mútuos
			Clubes de investimentos
			Carteiras de investidores
			Administradores de consórcio
CGPC Conselho de Gestão da Previdência Complementar	Previc Superintendência Nacional de Previdência Complementar	Sistema de liquidação e custódia	Sistema de Custódia de Liquidação Financeira de Títulos – Selic
			Central de Custódia e de Liquidação Financeira de Títulos – Cetip
			Caixa de liquidação e custódia

Fonte: Adaptado de Lemes Júnior; Rigo; Cherobin, 2010, p. 246.

Após a análise que fizemos da estruturação das entidades que compõem o SFN, podemos perfeitamente inserir essas instituições em dois subsistemas. Vamos nos aprofundar em algumas dessas instituições, pelo menos as mais importantes e relevantes para o funcionamento do SFN.

2.1.1 Instituições do Sistema Financeiro Nacional (SFN)

Vamos examinar algumas das instituições que compõem o SFN, mas, para isso, não podemos em nenhum momento nos esquecer dos dois subsistemas e da estruturação que acabamos de ver. Assim, devemos ter sempre em mente o Quadro 2.1, que vimos anteriormente, ao analisarmos as características de algumas dessas instituições. Salientamos que todas essas informações foram retiradas diretamente do *site* do Bacen, no endereço a seguir:

> BCB – Banco Central do Brasil. **Composição e evolução do Sistema Financeiro Nacional.** Disponível em: <http://www.bcb.gov.br/?SFNCOMP>. Acesso em: 17 nov. 2015.

Em um primeiro momento, temos os **três principais órgãos** responsáveis por **normatizar todo o SFN:**

1. **Conselho Monetário Nacional (CMN):** É um dos principais órgãos normativos do SFN e foi instituído pela Lei n. 4.595, de 31 de dezembro de 1964. O CMN tem a responsabilidade de formular as políticas de crédito e da moeda, sempre acompanhando o desenvolvimento econômico e social do Brasil. Integram o CMN o ministro da Fazenda (presidente), o ministro do Planejamento, Orçamento e Gestão e o presidente do Bacen. Entre as várias funções do CMN, destacamos as seguintes: autorizar a emissão de papel-moeda; aprovar os orçamentos monetários preparados pelo Bacen; fixar as diretrizes e normas da

política cambial; disciplinar o crédito em todas as suas modalidades e as operações creditícias; estipular índices e outras condições técnicas de encaixes; expedir normas de contabilidade a serem observadas pelas instituições, principalmente as financeiras; outorgar ao Bacen o monopólio das operações de câmbio; disciplinar as atividades das bolsas de valores etc.

2. **Conselho Nacional de Seguros Privados (CNSP)**: É o órgão responsável por fixar as diretrizes e normas da política de seguros privados e foi criado pelo Decreto-Lei n. 73, de 21 de novembro de 1966. É composto pelo ministro da Fazenda (presidente), por um representante do Ministério da Justiça, por um representante do Ministério da Previdência Social, pelo superintendente da Susep, por um representante do Bacen e por um representante da CVM.

3. **Conselho Nacional de Previdência Complementar (CNPC)**: Tem como função principal a regulação do regime de previdência complementar, que é operado por entidades fechadas de previdência complementar, e foi criado pelo Decreto n. 7.123, de 3 de março de 2010. É um órgão colegiado que integra a estrutura do Ministério da Previdência Social.

As **entidades supervisoras** são as que desenvolvem atividades complementares àquelas que são realizadas pelos órgãos normativos do SFN. Essas entidades são responsáveis pela supervisão das diversas instituições que integram o sistema como um todo. São elas:

- **Banco Central do Brasil (Bacen)**: É o principal órgão executivo do SFN, além de ser responsável por garantir o poder de compra da moeda nacional, tendo sido criado pela Lei n. 4.595, de 31 de dezembro de 1964. Os principais objetivos do Bacen, entre outros, são: zelar pela adequada liquidez da economia; manter as reservas internacionais em nível adequado; estimular a formação de poupança; zelar pela estabilidade e promover o permanente aperfeiçoamento do sistema financeiro.

- **Comissão de Valores Mobiliários (CVM)**: É uma autarquia vinculada diretamente ao Ministério da Fazenda e foi criada por meio da Lei n. 6.385, de 7 de dezembro de 1976. Tem como principal responsabilidade regulamentar, desenvolver, controlar e fiscalizar o mercado de valores mobiliários no Brasil. Destacamos como suas principais funções: assegurar o funcionamento eficiente das bolsas de valores; proteger os titulares de valores mobiliários; evitar ou coibir modalidades de fraude ou manipulação no mercado; assegurar o acesso do público a informações sobre valores mobiliários; estimular a formação de poupança e sua aplicação em valores mobiliários etc.

- **Superintendência de Seguros Privados (Susep)**: É uma outra autarquia vinculada ao Ministério da Fazenda (instituída pelo Decreto-Lei n. 73, de 21 de novembro de 1966), responsável pelo controle e pela fiscalização do mercado de seguro, previdência privada aberta e capitalização.

- **Instituto de Resseguros do Brasil (IRB)**: É uma empresa resseguradora, constituída na forma de sociedade de economia mista, com controle acionário majoritário da União, vinculada diretamente ao Ministério da Fazenda.

- **Superintendência Nacional de Previdência Complementar (Previc)**: Também é uma autarquia, mas vinculada ao Ministério da Previdência Social, criada pela Lei n. 12.154, de 23 de dezembro de 2009, sendo responsável por fiscalizar as atividades das entidades fechadas de previdência complementar (fundos de pensão), de acordo com as diretrizes do CMN e do CNPC.

As **entidades e instituições operadoras do SFN** têm a responsabilidade de monitorar as áreas monetária e de crédito, sendo separadas em várias áreas, de acordo com suas características e a especificidade das instituições:

- **Instituições financeiras captadoras de depósito à vista:** São instituições consideradas monetárias, que podem captar depósitos à vista.

- **Bancos múltiplos com carteira comercial:** São instituições financeiras privadas ou públicas que surgiram da junção de algumas instituições financeiras, geralmente dentro de um mesmo grupo, com personalidade jurídica própria, o que possibilita que realizem operações ativas, passivas e acessórias das diversas instituições financeiras, como: comercial, de investimento, de desenvolvimento, de crédito imobiliário, de arrendamento mercantil e de crédito, de financiamento e de investimento.

- **Bancos comerciais:** São instituições financeiras privadas ou públicas que executam basicamente a atividade de captar depósitos a prazo ou à vista, criando a chamada *moeda escritural*.

- **Banco do Brasil (BB):** É o mais antigo banco comercial do Brasil e atualmente opera na forma de uma sociedade de economia mista de capitais públicos e privados, com ações cotadas nas bolsas de valores. O BB é um dos agentes financeiros do governo federal, tendo como uma das suas principais responsabilidades a execução das políticas de crédito rural e industrial, além de ser o banco comercial do governo.

- **Banco Nacional de Desenvolvimento Econômico e Social (BNDES):** É uma autarquia federal criada em 1952, sendo considerado o principal instrumento do governo federal no apoio de empreendimentos que tenham como objetivo o desenvolvimento do Brasil.

- **Caixa Econômica Federal (CEF)**: É empresa pública vinculada ao Ministério da Fazenda, assemelhada aos bancos comerciais. Foi criada em 1861 e regulada pelo Decreto-Lei n. 759, de 12 de agosto de 1969. Tem uma característica distintiva, que é a de priorizar a concessão de empréstimos e financiamentos para programas e projetos nas áreas de assistência social, saúde, educação, trabalho, transportes urbanos e esporte.

- **Cooperativas de crédito**: Dividem-se em: a) singulares, que prestam serviços financeiros de captação e de crédito apenas aos respectivos associados, podendo receber repasses de outras instituições financeiras e realizar aplicações no mercado financeiro; b) centrais, que prestam serviços às singulares filiadas e são também responsáveis auxiliares por sua supervisão; e c) confederações de cooperativas centrais, que prestam serviços a centrais e suas filiadas etc.

- **Bancos cooperativos**: São constituídos sob o controle acionário majoritário das cooperativas centrais de crédito, na forma de banco comercial ou de banco múltiplo.

- **Demais instituições financeiras**: São as instituições financeiras que não podem captar depósitos à vista, sendo consideradas como não monetárias.

  - **Bancos múltiplos sem carteira comercial**: Assemelham-se diretamente aos bancos múltiplos, porém não estão autorizados a captar depósitos à vista.

  - **Bancos de investimento**: São instituições privadas que se especializam em operar na forma de participação societária temporária, financiar a atividade produtiva suprindo o capital fixo ou o capital de giro para os seus clientes, além de administrar recursos de terceiros.

- **Bancos de desenvolvimento:** São instituições controladas pelo governo, seja federal, seja estadual, e têm como principal objetivo o de proporcionar e suprir os recursos necessários para financiamento das empresas no médio ou no longo prazo, visando promover o desenvolvimento econômico e social.

- **Sociedades de crédito, financiamento e investimento:** São vulgarmente chamadas *financeiras*, constituídas na forma de instituições financeiras privadas com o objetivo de financiar diretamente a aquisição de bens, serviços e capital de giro para as empresas.

- **Sociedades de crédito imobiliário:** Realizam operações imobiliárias diretas de incorporação, construção, venda ou aquisição de habitação. Essas sociedades obtêm seus recursos por meio dos depósitos de poupança ou da emissão de letras hipotecárias e imobiliárias.

- **Companhias hipotecárias:** São instituições financeiras que têm o objetivo principal de conceder financiamentos para a produção, reforma ou comercialização de imóveis, não aplicando diretamente as normas obrigatórias do sistema financeiro da habitação.

- **Associações de poupança e empréstimo:** São associações civis, constituídas com o objetivo de propiciar a aquisição de imóveis para seus associados, captando e disseminando para eles o hábito de poupar.

- **Bancos de câmbio:** São instituições financeiras autorizadas a realizar, sem restrições, operações de câmbio e operações de crédito vinculadas às de câmbio, como financiamentos à exportação e à importação e adiantamentos sobre contratos de câmbio. Podem, ainda, receber depósitos em contas sem remuneração, não movimentáveis por cheque ou por meio eletrônico pelo titular, cujos recursos sejam destinados à realização das operações citadas anteriormente.

- **Outros intermediários ou auxiliares financeiros**: Atuam diretamente em um ambiente considerado mais seguro, pois realizam negócios somente no mercado de capitais.

- **Bolsas de mercadorias e futuros**: São instituições civis privadas com o objetivo primordial de efetuar registro, compensação e liquidação das operações de derivativos que são realizadas em um pregão ou em um sistema eletrônico. Têm certa autonomia financeira, patrimonial e ainda administrativa, mas são todas fiscalizadas pela CVM.

- **Bolsas de valores**: São sociedades anônimas ou associações civis com o objetivo de manter um local ou um sistema adequado para o encontro dos seus membros, além de realizar transações de compra e venda de títulos e valores mobiliários entre os membros, seja no mercado livre, seja no aberto, que é organizado e fiscalizado pelos membros e pela CVM.

- **Sociedades corretoras de títulos e valores mobiliários**: São constituídas sob a forma de sociedade anônima ou por quotas de responsabilidade limitada. Entre seus objetivos estão: operar em bolsas de valores; subscrever emissões de títulos e valores mobiliários no mercado; comprar e vender títulos e valores mobiliários por conta própria e de terceiros; encarregar-se da administração de carteiras e da custódia de títulos e valores mobiliários; exercer funções de agente fiduciário; instituir, organizar e administrar fundos e clubes de investimento.

- **Sociedades distribuidoras de títulos e valores mobiliários**: São constituídas sob a forma de sociedade anônima ou por quotas de responsabilidade limitada, devendo constar na sua denominação social a expressão *distribuidora de títulos e valores mobiliários*. Algumas de suas atividades são intermediar a oferta pública e a distribuição de títulos e valores mobiliários no mercado; administrar e custodiar as carteiras de títulos e valores mobiliários; instituir, organizar e administrar fundos e clubes de investimento.

- **Sociedades de arrendamento mercantil**: São constituídas sob a forma de sociedade anônima, devendo constar obrigatoriamente na sua denominação social a expressão *arrendamento mercantil*.

- **Sociedades corretoras de câmbio**: São constituídas sob a forma de sociedade anônima ou por quotas de responsabilidade limitada, devendo constar na sua denominação social a expressão *corretora de câmbio*.

- **Agentes autônomos de investimento**: São as pessoas físicas que atuam como integrantes do sistema de distribuição de valores mobiliários, especialmente as chamadas *corretoras*.

- **Entidades ligadas aos sistemas de previdência e seguros**: São instituições que atuam diretamente no mercado de seguro, previdência privada e capitalização.

  - **Entidades fechadas de previdência complementar (fundos de pensão)**: São organizadas sob a forma de fundação ou sociedade civil, sem fins lucrativos. São acessíveis, exclusivamente, aos empregados de uma empresa ou grupo de empresas ou aos servidores da União, dos estados, do Distrito Federal e dos municípios, entes denominados *patrocinadores*, ou ainda aos associados ou membros de pessoas jurídicas de caráter profissional, classista ou setorial, denominadas *instituidores*.

- **Entidades abertas de previdência complementar:** São entidades constituídas unicamente sob a forma de sociedades anônimas e têm por objetivo instituir e operar planos de benefícios de caráter previdenciário concedidos em forma de renda continuada ou pagamento único, acessíveis a quaisquer pessoas físicas.

- **Resseguradores:** São entidades constituídas sob a forma obrigatória de sociedades anônimas com o objetivo exclusivo de realizar operações de resseguro e retrocessão. São as instituições seguradoras das seguradoras e têm como principal órgão regulador o IRB.

- **Sociedades seguradoras:** Também são entidades constituídas obrigatoriamente na forma de sociedades anônimas, especializadas em pactuar contrato, por meio do qual assumem a obrigação de pagar ao contratante (segurado), ou a quem este designar, uma indenização no caso em que advenha o risco indicado e temido, recebendo, para isso, o prêmio estabelecido.

- **Sociedades de capitalização:** São entidades constituídas sob a forma de sociedades anônimas que negociam contratos (títulos de capitalização) que têm por objeto o depósito periódico de prestações pecuniárias pelo contratante, o qual terá, depois de cumprido o prazo contratado, o direito de resgatar parte dos valores depositados corrigidos por uma taxa de juros estabelecida contratualmente; confere-se, ainda, quando previsto, o direito de concorrer a sorteios de prêmios em dinheiro.

- **Sociedades administradoras de seguro-saúde:** Reúnem as empresas que operam planos de saúde, médicos, enfermeiros, dentistas e outros profissionais da área da saúde que atendem aos consumidores dos planos privados de assistência à saúde.

- **Entidades administradoras de recursos de terceiros:** São instituições consideradas como financeiras, mas não podem captar recursos diretamente dos poupadores.
  - **Fundos mútuos:** Oferecem serviços específicos para os investidores, que associam seu capital, administrado por gestores de investimento profissionais.
  - **Clubes de investimentos:** São uma forma específica de investimento que serve como um instrumento de aprendizado para o pequeno investidor, além de ser ainda um canal simplificado de acesso ao mercado de capitais.
  - **Carteiras de investidores estrangeiros:** Referem-se a aplicações em títulos brasileiros específicos por estrangeiros, sendo negociados tanto no Brasil quanto no exterior, sempre na expectativa de curto prazo.
  - **Administradoras de consórcio:** São empresas responsáveis pela formação e administração de grupos de consórcio, atuando como mandatárias de seus interesses e direitos.
- **Sistema de liquidação e custódia:** São instituições que têm como objetivo principal controlar e liquidar as operações de compra e de venda, além de manter a custódia fiscal e escritural dos documentos.
  - **Sistema de Custódia de Liquidação Financeira de Títulos (Selic):** É a instituição que tem a responsabilidade principal de registrar os títulos e os depósitos interfinanceiros do SFN, utilizando um meio eletrônico de teleprocessamento. Emprega ainda esse mesmo mecanismo em relação às operações de movimentação, resgate, ofertas públicas e respectivas liquidações financeiras.

- **Central de Custódia e de Liquidação Financeira de Títulos (Cetip)**: É a câmara de liquidação e custódia da Selic, atuando como depositária dos títulos de renda fixa privados.

- **Caixa de liquidação e custódia**: São instituições pertencentes às bolsas de valores, que têm como função básica a de registrar, liquidar e compensar as operações das sociedades corretoras. Além disso, são responsáveis pelos depósitos e pela margem de garantia das operações realizadas.

Todas essas instituições desempenham um papel de extrema relevância na sociedade e na economia como um todo e influenciam diretamente nas atividades da área de finanças em uma empresa (realizar análises e planejamento financeiro, tomar decisões de investimento e tomar decisões de financiamento).

2.2 Mercado financeiro

O mercado financeiro é aquele no qual ocorrem as movimentações financeiras entre os agentes superavitários e os deficitários. Quem tem dinheiro sobrando aplica nas instituições financeiras, com a expectativa de que tenha alguma remuneração ao longo do tempo. As instituições financeiras, de posse dos recursos dos aplicadores, emprestam para aqueles que precisam de dinheiro, cobrando uma determinada taxa de juros. Essas intermediações basicamente envolvem vários participantes, que em determinados momentos podem estar tanto de um lado quanto de outro.

As transações que ocorrem no mercado financeiro podem ser segmentadas na forma de quatro mercados bem específicos, com prazos e finalidades diferenciadas, conforme vemos no Quadro 2.2.

Quadro 2.2 – Segmentação do mercado financeiro

Segmentos		Características	
		Prazos	Finalidade
Mercados financeiros	Mercado monetário	Curtíssimo e curto	Controle de liquidez monetária da economia e suprimentos momentâneos de caixa
	Mercado de crédito	Curto e médio	Financiamento do consumo e de capital de giro das empresas
	Mercado de capitais	Médio, longo e indeterminado	Financiamento de capital de giro, capital fixo e habitação
	Mercado de câmbio	Curto e à vista	Transformação de valores em moeda estrangeira em nacional, e vice-versa

Esses mercados específicos se diferenciam um do outro de acordo com os tipos de transações que cada um deles executa. Vamos ver com mais detalhes cada um desses mercados conforme a perspectiva de Hoji (2014) e Kerr (2011).

2.2.1 Mercado monetário

De acordo com o *Dicionário Aurélio da língua portuguesa* (Ferreira, 2010), a palavra *monetário* vem do latim *monetarius* e significa "dinheiro" ou "finanças". Dessa forma, o mercado monetário (ou o mercado de moeda) se relaciona diretamente com o dinheiro e com a circulação da moeda no mercado financeiro, visando ainda controlar a liquidez monetária da economia por meio do relacionamento existente entre os fornecedores e os tomadores de dinheiro, tanto no curtíssimo quanto no curto prazo.

O governo, por meio da autuação direta do Bacen, busca, com o mercado monetário, adequar as formas de pagamento disponíveis às necessidades do sistema econômico atual como um todo. Para tal, são executadas ações reguladoras sobre os recursos monetários (dinheiro e moeda) existentes, com vistas a uma eficiente e plena utilização desses recursos.

A negociação no mercado monetário tem como referência a taxa de juros, que é a mais importante moeda das operações do mercado, caracterizando a sistemática de resgate e de liquidez desses papéis, no curto ou no curtíssimo prazo. Também é no mercado monetário que os bancos e os governos (federal, estaduais e municipais) financiam suas necessidades de caixa momentâneas, na forma de títulos públicos e privados.

Assaf Neto e Lima (2014) explicam que a maior parte desses títulos negociados é considerada *escritural*, ou seja, não é emitida fisicamente. Esse fato exige maior controle e organização bem estruturada, o que é realizado por duas instituições já mencionadas: o Selic e a Cetip.

Esses títulos negociados no mercado monetário são emitidos pelo Tesouro Nacional, com a expectativa de que possam financiar o orçamento público. É importante que saibamos que não é somente o governo federal que pode emitir os títulos que são negociados no mercado monetário; os estados e os municípios também têm autorização para emitir vários títulos públicos. Porém, existe uma grande diferença entre eles, uma vez que os títulos federais apresentam maior liquidez em relação aos títulos municipais e estaduais, além de terem maior aceitação no mercado.

Esses títulos são classificados pela natureza de suas emissões e são emitidos por dois órgãos diferentes: o Tesouro Nacional e o Bacen. Os títulos principais estão descritos na Figura 2.2.

Figura 2.2 – Títulos do mercado monetário

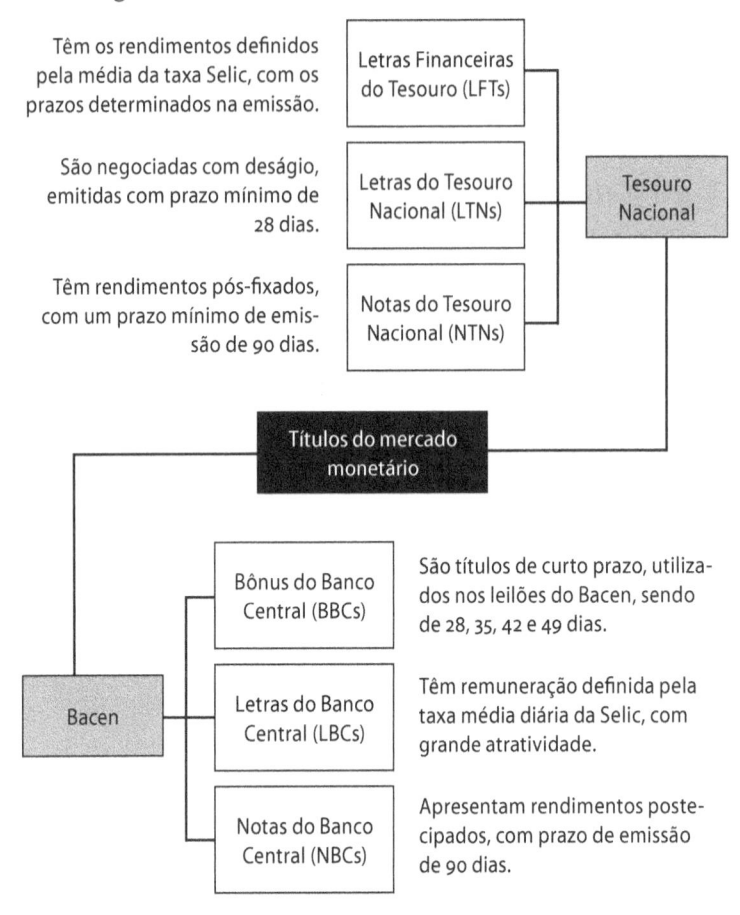

Descrição	Título	Emissor
Têm os rendimentos definidos pela média da taxa Selic, com os prazos determinados na emissão.	Letras Financeiras do Tesouro (LFTs)	Tesouro Nacional
São negociadas com deságio, emitidas com prazo mínimo de 28 dias.	Letras do Tesouro Nacional (LTNs)	
Têm rendimentos pós-fixados, com um prazo mínimo de emissão de 90 dias.	Notas do Tesouro Nacional (NTNs)	

Títulos do mercado monetário

Emissor	Título	Descrição
Bacen	Bônus do Banco Central (BBCs)	São títulos de curto prazo, utilizados nos leilões do Bacen, sendo de 28, 35, 42 e 49 dias.
	Letras do Banco Central (LBCs)	Têm remuneração definida pela taxa média diária da Selic, com grande atratividade.
	Notas do Banco Central (NBCs)	Apresentam rendimentos postecipados, com prazo de emissão de 90 dias.

Todas as operações com os títulos do Tesouro Nacional e do Bacen, obrigatoriamente, devem ser registradas na Cetip, que irá realizar o registro dos negócios fechados, comparando e confirmando as operações de uma maneira automática com um duplo comando, ou seja, tanto o comprador quanto o vendedor deverão dar um aceite da operação.

2.2.2 Mercado de crédito

O mercado de crédito tem a responsabilidade de suprir todas as necessidades de caixa das operações de financiamento de curto e médio prazo das empresas e das pessoas físicas. Essas operações são direcionadas na forma de empréstimos e de financiamentos, além da concessão de crédito direto.

Nesse mercado, atuam basicamente os bancos comerciais, os bancos múltiplos e as sociedades financeiras, realizando operações de financiamento de bens de consumo e diversas outras modalidades de crédito. Kerr (2011) e Assaf Neto e Lima (2014) destacam as principais operações do mercado de crédito tal como vemos no Quadro 2.3.

Quadro 2.3 – Principais operações do mercado de crédito

Operações	Descrição
Adiantamento de contrato de câmbio	Transação que tem a finalidade de dinamizar as exportações, além de tentar gerar maior competitividade para as empresas brasileiras no mercado internacional. As empresas que são autorizadas a operar com câmbio e moedas estrangeiras adiantam para os exportadores o dinheiro dos contratos de câmbio, que são fixados nas vendas para o exterior.
Assunção de dívidas	Operação voltada para empresas com dinheiro em caixa, para que estas tenham condições de quitar futuras dívidas. A instituição financeira libera o dinheiro equivalente ao valor da dívida, garantindo uma aplicação financeira a taxas superiores às que são tradicionalmente praticadas no contrato da dívida. Dessa forma, a empresa que está assumindo a dívida consegue barateá-la.
Contas garantidas	É uma conta-corrente com um limite de crédito, que é garantido pelo banco, em que a empresa saca os recursos necessários até o limite que foi contratado. Os encargos financeiros são calculados sobre o saldo que permanecer a descoberto e são cobrados dos clientes, na maioria dos bancos, no fim do mês.
Crédito direto ao consumidor	Operação destinada para financiar os consumidores finais na compra de bens e serviços. Uma instituição financeira concede o crédito, que realiza a operação tendo o próprio bem como objeto do financiamento.
Créditos rotativos	Linhas de crédito que são abertas pelas instituições financeira com o propósito direto de financiar as necessidades de capital de giro das empresas, sendo normalmente realizadas por meio de cheques. Não podemos confundir com as contas garantidas, que normalmente são realizadas mediante garantia de duplicatas.

(continua)

(Quadro 2.3 – conclusão)

Operações	Descrição
Desconto bancário	Empréstimo concedido mediante a garantia de uma duplicata, que é caracterizada como um título de crédito futuro. A instituição financeira adianta para a empresa uma parte do valor da duplicata, que deverá ser restituída para o banco caso o cliente da empresa não realize o pagamento.
Empréstimos para capital de giro e pagamento de tributos	As instituições financeiras oferecem para as empresas essa operação por meio de um contrato bem específico, que determina as condições de operação. Esses empréstimos representam uma forma de adiantamento de recursos para as empresas, para que elas possam liquidar tributos ou simplesmente utilizar como capital de giro.
Operações de vendor	São operações de crédito bem específicas, em que a instituição financeira efetua o pagamento à vista para a empresa referente aos seus direitos de vendas a prazo, tendo como base uma taxa de juros para fazer essa intermediação.
Operações *hot money*	São operações de curtíssimo ou de curto prazo, com o objetivo de cobrir algumas necessidades de caixa das empresas. As operações de *hot money* têm taxas bem específicas, baseadas nas taxas do Certificado de Depósito Interfinanceiro (CDI).
Repasse de recursos externos	Operação de empréstimo, regulamentada pelo Bacen, que se constitui em um repasse de recursos captados fora do país. Esses recursos são repassados diretamente para as empresas brasileiras, com a expectativa de que sejam destinados para o financiamento de capital de giro ou fixo.

Além de todos esses instrumentos, o mercado de crédito conta ainda com outras operações, principalmente as oferecidas pelas instituições governamentais, que atendem a algumas políticas bem específicas, focadas no desenvolvimento e no fomento econômico e social.

2.2.3 Mercado de capitais

O mercado de capitais, basicamente, suporta algumas lacunas do mercado de crédito, atendendo a determinadas necessidades de financiamento das empresas, principalmente no longo prazo, utilizando para isso a emissão de títulos. As operações desse mercado assumem funções específicas no processo de desenvolvimento econômico e financeiro no Brasil, atuando como se fosse uma mola propulsora de capitais, principalmente para investimentos de empresas e como auxílio na formação da poupança privada.

Dessa forma, a função básica do mercado de capitais é a de auxiliar na promoção da riqueza nacional por meio da participação de cada agente econômico na poupança nacional. Assim, as modalidades mais utilizadas no mercado de capitais são as apresentadas no Quadro 2.4.

Quadro 2.4 – Principais operações do mercado de capitais

Operações	Descrição
Arrendamento mercantil	Operação em que uma empresa arrendadora (locadora) adquire determinado bem, que é escolhido pelo arrendatário (locatário), para alugá-lo em seguida por um prazo previamente determinado. Essa operação é chamada também de *leasing*. Quando termina o prazo do contrato, o arrendatário tem algumas opções a seguir: a renovação por mais um período, a devolução do bem arrendado para a empresa arrendadora ou a aquisição definitiva do bem de acordo com um valor de mercado ou por um valor residual, que deve estar definido no contrato previamente.
Caderneta de poupança	Operação que apresenta um baixo risco, mas, como consequência direta, apresenta também um baixo rendimento. A caderneta de poupança é garantida pelo governo federal, mas somente até determinada quantia. Essa garantia é expressa mediante um fundo garantidor de crédito, que não leva em consideração direta qual é a instituição financeira em que o cliente está depositando seu dinheiro.
Financiamento de capital de giro	Linhas de crédito bem específicas, que são abertas pelas instituições financeiras com o objetivo primordial de financiar as necessidades de capital de giro das empresas.
Forfaiting	Contratos representativos de exportações ou de títulos de crédito, de acordo com determinadas operações realizadas pelas empresas brasileiras. É considerada uma forma de financiamento muito rápida, destinada exclusivamente para reforçar o capital de giro das empresas brasileiras exportadoras, que são consideradas as beneficiárias dos títulos de crédito.
Fundo garantidor de crédito	Operação que tem como objetivo principal criar algumas condições específicas para que as instituições financeiras, geralmente as médias ou as pequenas, possam realizar determinadas operações de crédito. Essas operações são realizadas na forma de depósitos a prazo, em que não é necessária a emissão de um certificado; necessitam, porém, de uma garantia especial, que é proporcionada pelo fundo garantidor de crédito da instituição, representando até R$ 20 milhões por depositante.

(continua)

(Quadro 2.4 – conclusão)

Operações	Descrição
Oferta pública de ações e debêntures	As empresas de capital aberto têm seu capital social dividido na forma de pequenas parcelas, que são mais conhecidas como *ações*, expressas como se fossem uma unidade de título. As ações, depois de emitidas pelas empresas de capital aberto, ou assemelhadas a elas, são negociadas nas bolsas de valores. Já as debêntures são títulos de crédito representativo de um empréstimo que uma empresa realiza diretamente com terceiros. Nelas, asseguram-se aos detentores desses títulos um direito contra a empresa emissora, de acordo com determinadas condições que devem constar na escritura de emissão dessas debêntures.
Operações de repasse	Operações caracterizadas na forma empréstimos, que são contratados por instituições específicas do mercado de capitais e repassados para as organizações que necessitam de recursos para investirem no longo prazo.
Operações de vendor	Operações de crédito em que a instituição financeira paga à vista para uma empresa comercial os direitos referentes às suas vendas a prazo, mediante determinada taxa de juros de intermediação previamente estipulada.
Securitização de recebíveis	Operação muito regular realizada por empresas que tenham uma carteira de contas a receber muito pulverizada, em que nenhum título recebível tenha uma grande representatividade em relação ao total. A empresa que deseja tomar os recursos financeiros negocia sua carteira de recebíveis diretamente com uma instituição financeira que possa atuar com esse tipo de operação, que busca os recursos financeiros no mercado de capitais, mediante a emissão de determinados títulos, que são lastreados pelos valores adquiridos.
Warrants e títulos conversíveis	Títulos que concedem ao seu detentor titular o direito de compra direta de outros papéis que possam ser emitidos pela própria organização.

O mercado de capitais inclui, ainda, uma série de operações nas quais os recursos financeiros são transferidos dos agentes poupadores para os agentes investidores, num prazo médio, longo ou até mesmo indefinido.

2.2.4 Mercado de câmbio

O mercado de câmbio é aquele em que são realizadas as negociações em moedas estrangeiras para pessoas interessadas nessa movimentação. É o mercado mais utilizado pelos investidores internacionais, pelas empresas multinacionais e até mesmo pelos devedores que têm compromissos a serem pagos fora do Brasil.

As principais moedas negociadas no mercado de cambial brasileiro são: o dólar americano, o euro, o franco da Suíça, o iene do Japão, a libra esterlina da Grã-Bretanha e, surpreendentemente, o ouro.

Toda instituição que decida operar no mercado de câmbio precisa ter uma licença específica, que é concedida pelo Bacen, caracterizando, assim, a instituição financeira como uma *corretora de câmbio*. O Bacen também determina que não existe uma limitação de valor para as operações realizadas, mas estabelece que deve ser observada a questão legal de cada transação, principalmente no que diz respeito às questões tributárias. Devem ser exigidos também, em todas as operações, os chamados *documentos cambiais*, que variam de instituição para instituição (não sendo obrigatoriamente determinados pelo Bacen) e devem ser satisfatórios para que se possa respaldar a operação de câmbio.

São realizadas várias operações bem específicas no mercado cambial, cada uma com fatores determinantes diferentes, mas todas com a expectativa de contribuir para a formação da chamada *paridade monetária* do mercado de câmbio. Entre esses fatores determinantes, destacamos os seguintes:

- o nível de reservas monetárias nacionais;
- a liquidez da economia;
- a taxa de inflação interna e mundial;
- a política interna de juros.

2.3   Conjuntura econômica e social

A conjuntura econômica e social no Brasil é expressa na forma de políticas, que são executadas de forma interligada. As quatro principais políticas executadas são: a econômica, a monetária, a fiscal e a cambial.

A **política econômica** tem vários objetivos a serem perseguidos, como atingir o pleno emprego no país, promover a distribuição da riqueza, assegurar a defesa do poder aquisitivo da nossa moeda (o Real) e, o mais importante de todos, alavancar o crescimento da economia.

A **política monetária** pode ser considerada como uma parte da política econômica, pois algumas de suas ações também são realizadas na esfera econômica. Especificamente, a política monetária trata do controle das taxas de juros da economia e da oferta da moeda no mercado financeiro como um todo. As ações dessa política visam manter a estabilidade da moeda corrente, equilibrar o balanço de pagamentos do país e atingir o pleno emprego.

Já a **política fiscal** é focada em estratégias para a obtenção de recursos por parte do governo. São três as principais estratégias focadas: a cobrança de tributos, a emissão da moeda e a colocação dos títulos do governo no mercado financeiro. Basicamente, a principal função dessa política é a de estruturar toda a carga tributária nacional e cuidar desse aspecto.

Por fim, a **política cambial** busca controlar diretamente todas as transações internacionais que acontecem no Brasil, como as remessas de capitais para o exterior, os empréstimos e financiamentos em moeda estrangeira realizados pelas empresas nacionais e, sobretudo, o saldo da balança comercial brasileira (diferença entre as exportações e as importações do período).

Síntese

O Sistema Financeiro Nacional (SFN) é formado por várias instituições, sejam elas de caráter específico financeiro ou não, que estão basicamente voltadas para a gestão da política monetária determinada pelo governo federal. O SFN é formado por algumas entidades supervisoras, operadoras e instituições determinantes, que são orientadas por três órgãos normativos principais: o Conselho Monetário Nacional (CMN), o Conselho Nacional de Seguros Privados (CNSP) e o Conselho Nacional da Previdência Complementar (CNPC).

Todo o SFN é estruturado com o objetivo de promover o desenvolvimento do país de maneira equilibrada, buscando servir especificamente aos interesses da coletividade. O SFN ainda tem como objetivo a promoção da estabilidade econômica, utilizando para isso suas entidades supervisoras, que dão todo o suporte necessário para os operadores do sistema e para as instituições específicas.

O SFN não teria condições de existir se não fosse a estruturação do mercado financeiro brasileiro, que é o responsável pela captação dos recursos que sobram dos investidores e pela destinação desses recursos para financiamento das atividades produtivas daqueles que deles necessitam.

O mercado financeiro é composto por quatro outros mercados: o monetário (que controla a liquidez monetária da economia brasileira), o de crédito (que operacionaliza o financiamento do consumo e o capital de giro para as empresas ou para as pessoas físicas), o de capitais (em que são realizadas operações de médio ou de longo prazo, principalmente de compra e venda de ações, de títulos e valores mobiliários, entre as empresas e os investidores, por meio de uma intermediação direta das instituições financeiras autorizadas) e o de câmbio (em que são realizadas operações de transformação de moedas estrangeiras em moeda brasileira, e vice-versa).

Exercícios resolvidos

1. O subsistema de intermediação é composto por vários agentes e por algumas instituições auxiliares, sendo os principais: banco comercial, banco de investimento, banco múltiplo, bolsa de valores, bolsa de mercadorias e futuros, corretora e distribuidora. A seguir, destacamos várias funções executadas por esses agentes:

    I. alocar recursos para financiar, a curto e médio prazo, o comércio, a indústria, as empresas de serviços, as pessoas físicas e terceiros em geral;
    II. realizar operações de participação societária de caráter temporário;
    III. administrar recursos de terceiros;
    IV. dar liquidez ao mercado de títulos e valores mobiliários;
    V. organizar e operar contratos que tenham como referência ativos financeiros, índices, taxas, moedas e outros;
    VI. realizar operações de intermediação de derivativos;
    VII. operar em bolsas de mercadorias e futuros;
    VIII. operar na compra e venda de metais preciosos;
    IX. operar em intermediação de câmbio;
    X. administrar e custodiar carteiras de títulos e valores, mesmo não atuando nos pregões das bolsas.

    Assim, assinale em cada caso as funções que cada agente executa. Lembramos que um agente pode executar mais de uma atividade ao mesmo tempo:

    a) Banco comercial
    (I), (II), (III), (IV), (V), (VI), (VII), (VIII), (IX) e (X).
    b) Banco de investimento
    (I), (II), (III), (IV), (V), (VI), (VII), (VIII), (IX) e (X).
    c) Banco múltiplo
    (I), (II), (III), (IV), (V), (VI), (VII), (VIII), (IX) e (X).

d) Bolsa de valores

(I), (II), (III), (IV), (V), (VI), (VII), (VIII), (IX) e (X).

e) Bolsa de mercadoria e futuros

(I), (II), (III), (IV), (V), (VI), (VII), (VIII), (IX) e (X).

f) Corretora

(I), (II), (III), (IV), (V), (VI), (VII), (VIII), (IX) e (X).

g) Distribuidora

(I), (II), (III), (IV), (V), (VI), (VII), (VIII), (IX) e (X).

Resolução:

Cada um dos agentes executa primordialmente as seguintes funções:

a) Banco comercial: I
b) Banco de investimento: II e III
c) Banco múltiplo: III, VI e IX
d) Bolsa de valores: IV
e) Bolsa de mercadoria e futuros: V
f) Corretora: VII, VIII e X
g) Distribuidora: X

2. O Banco Central do Brasil (Bacen) tem como uma das suas responsabilidade executar as políticas traçadas pelo Conselho Monetário Nacional (CMN) e está vinculado diretamente ao(à):

a) Tesouro Nacional.
b) Comissão de Valores Mobiliários.
c) Ministério da Previdência Social.
d) Ministério da Fazenda.
e) Ministério do Planejamento.

Resolução:

d. O Bacen está vinculado diretamente ao Ministério da Fazenda, que, além de regulamentar as ações do Bacen, direciona todas as suas ações. É considerado também como o banco dos bancos, de acordo com delegações do próprio Ministério da Fazenda.

3. O Banco Nacional de Desenvolvimento Econômico e Social (BNDES) é a principal instituição do governo federal utilizada para a implantação da política de investimentos, sobretudo de longo prazo. O BNDES é considerado, de acordo com estruturação das entidades componentes do Sistema Financeiro Nacional (SFN), uma instituição financeira de fomento. Assim, qual dos objetivos listados a seguir não pode ser considerado um objetivo do BNDES?

a) Auxiliar na intensificação e na diversificação das exportações efetuadas pelas empresas brasileiras.
b) Fortalecer, por meio de suas inúmeras e variadas linhas de crédito, o setor empresarial.
c) Promover o desenvolvimento econômico e social do Brasil.
d) Receber do Tesouro Nacional os créditos referentes aos tributos federais.
e) Tentar diminuir os desequilíbrios entre as regiões brasileiras, auxiliando no desenvolvimento de novos polos industriais.

Resolução:

d. O recebimento dos créditos referentes aos tributos federais, estaduais e municipais é de responsabilidade somente dos bancos comerciais, o que desobriga o BNDES a atender a essa atividade específica, pois este não é caracterizado diretamente como um banco comercial.

Questões para revisão

1. (Fundação Cesgranrio – 2012 – CEF) O Sistema Financeiro Nacional é composto por diversas entidades, dentre as quais os órgãos normativos, os operadores e as entidades supervisoras. A entidade responsável pela fiscalização das

instituições financeiras e pela autorização do seu funcionamento é o:

a) Banco Central do Brasil (Bacen).
b) Conselho Monetário Nacional (CMN).
c) Fundo Monetário Internacional (FMI).
d) Conselho Nacional de Seguros Privados (CNSP).
e) Banco Nacional do Desenvolvimento Econômico e Social (BNDES).

2. (Fundação Cesgranrio – 2012 – Banco do Brasil) O Sistema Financeiro Nacional é formado por um conjunto de instituições voltadas para a gestão da política monetária do Governo Federal, cujo órgão deliberativo máximo é o Conselho Monetário Nacional. As funções do Conselho Monetário Nacional são:

a) assessorar o Ministério da Fazenda na criação de políticas orçamentárias de longo prazo e verificar os níveis de moedas estrangeiras em circulação no país.
b) definir a estratégia da Casa da Moeda, estabelecer o equilíbrio das contas públicas e fiscalizar as entidades políticas.
c) estabelecer as diretrizes gerais das políticas monetária, cambial e creditícia; regular as condições de constituição, funcionamento e fiscalização das instituições financeiras e disciplinar os instrumentos das políticas monetária e cambial.
d) fornecer crédito a pequenas, médias e grandes empresas do país, e fomentar o crescimento da economia interna a fim de gerar um equilíbrio nas contas públicas, na balança comercial e, consequentemente, na política cambial.
e) secretariar e assessorar o Sistema Financeiro Nacional, organizando as sessões deliberativas de crédito e mantendo seu arquivo histórico.

3. (Fundação Cesgranrio – 2010 – Bacen) O Conselho Monetário Nacional é a entidade superior do sistema financeiro nacional, **NÃO** sendo de sua competência:
   a) estabelecer a meta de inflação.
   b) zelar pela liquidez e pela solvência das instituições financeiras.
   c) regular o valor externo da moeda e o equilíbrio do balanço de pagamentos.
   d) regular o valor interno da moeda, prevenindo e corrigindo surtos inflacionários ou deflacionários.
   e) fixar o valor do superávit primário do orçamento público.

4. Considere as seguintes instituições financeiras: Banco do Brasil, Banco Nacional de Desenvolvimento Econômico e Social, bancos comerciais, bancos regionais de desenvolvimento, sociedades de crédito, financiamento e investimento, e bancos de investimento. Quais delas são consideradas apenas como instituições financeiras monetárias?

5. Uma das principais operações do mercado de capitais é o fundo garantidor de crédito. Qual são as principais características dessa operação?

Saiba mais

Para entender mais sobre o funcionamento do Banco Central (Bacen), leia alguns atos normativos emitidos pelo banco. Preste atenção mais especificamente aos atos que se referem às atribuições do Conselho Monetário Nacional (CMN) e do Bacen.

BCB – Banco Central do Brasil. Disponível em: <http://www.bcb.gov.br/?SFNCOMP>. Acesso em: 17 nov. 2015.

Para aprender mais a respeito de previdência complementar aberta e sobre seguros, acesse o *site* da Superintendência de Seguros Privados (Susep), disponível no endereço a seguir.

SUSEP – Superintendência de Seguros Privados. Disponível em: <http://www.susep.gov.br>. Acesso em: 17 nov. 2015.

Perguntas & respostas

1. Uma das atribuições do Banco Central (Bacen) é a de estabelecer as diretrizes gerais da política monetária, cambial e creditícia do Brasil. Essa afirmativa está correta? Justifique sua resposta.

Resposta: A afirmativa está incorreta, pois o estabelecimento das diretrizes gerais da política monetária, cambial e creditícia do Brasil compete única e exclusivamente ao Conselho Monetário Nacional (CMN), que é o órgão normativo máximo do Sistema Financeiro Nacional (SFN).

2. Como podemos definir o Sistema Financeiro Nacional (SFN)?

Resposta: O SFN pode ser definido como um conjunto de instituições dedicadas a manter o fluxo de recursos entre poupadores e investidores, assim como a ordem no mercado financeiro.

3. O Conselho Monetário Nacional (CMN) é o órgão normativo responsável pela fixação de diretrizes das políticas monetária, creditícia e cambial do Brasil. Cite as duas competências principais do CMN?

Resposta: (1) Orientar a aplicação dos recursos das instituições financeiras públicas ou privadas, de modo a garantir condições favoráveis ao desenvolvimento equilibrado da economia nacional; (2) zelar pela liquidez e pela solvência das instituições financeiras.

Demonstrações financeiras

3

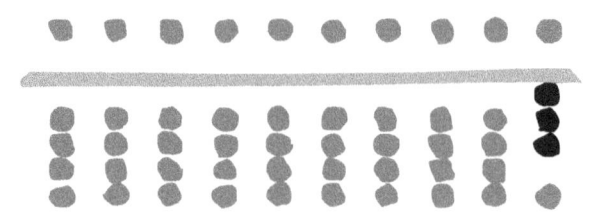

Conteúdos do capítulo:

- Objetivos das demonstrações financeiras.
- Diferenças entre o regime de caixa e o regime de competência.
- Principais demonstrações financeiras.
- Estruturação básica do Balanço Patrimonial (BP) e da Demonstração do Resultado do Exercício (DRE).

Após o estudo deste capítulo, você será capaz de:

1. entender os principais objetivos das demonstrações financeiras;
2. entender as diferenças entre o regime de competência (contábil) e o de caixa (financeiro);
3. Compreender as demonstrações contábeis utilizadas no planejamento financeiro;
4. compreender a relação entre as demonstrações contábeis e o planejamento financeiro e a interpretação delas.

Neste capítulo, veremos o mundo das finanças de uma forma diferente, associando às nossas análises alguns conceitos da contabilidade. Para isso, precisaremos entender as duas demonstrações contábeis básicas, que às vezes são chamadas também de *demonstrações financeiras* e que serão muito úteis para que possamos compreender qual é a situação financeira de uma empresa: o **Balanço Patrimonial (BP)** e a **Demonstração do Resultado do Exercício (DRE)**. Despenderemos um tempo bem precioso no intuito de esclarecer como medir e interpretar o **fluxo de caixa** de uma empresa.

Mas, antes de começarmos, é importante termos em mente que nenhuma habilidade é mais importante no estudo das finanças do que poder interpretar as demonstrações financeiras, cuja análise, de acordo com Marcousé, Surridge e Gillespie (2013), deve sempre se basear em dois princípios, os quais, muitas vezes, são considerados fundamentais para todo o entendimento desse mundo fascinante das finanças empresariais, a saber:

1. Em finanças, "o dinheiro, e não o lucro, é o rei na empresa", ou seja, precisamos sempre estar atentos para o fato de que, em determinados momentos, é muito mais importante nos preocuparmos com o dinheiro da empresa do que somente pensarmos no lucro das operações.

2. Ao longo do desenvolvimento do planejamento financeiro, podem acontecer alguns conflitos entre a área de finanças e os sócios da empresa, principalmente se a empresa for muito grande. Sempre precisamos ter bem clara a máxima que diz que "os gerentes não trabalham para os donos da empresa, e sim para a empresa como um todo, a não ser que seja sempre na busca do melhor dos seus interesses". Ou seja, embora os sócios da empresa tenham soberania nas suas decisões, a área financeira deve sempre perseguir seus três principais objetivos (que vimos no início do primeiro capítulo).

Toda e qualquer empresa, para que possa manter-se no mercado, precisa que sua equipe de trabalho esteja engajada, trabalhando em favor dos objetivos empresariais, sendo um dos principais o sucesso da empresa. Portanto, todos devem monitorar o progresso, e a área financeira mais ainda. Esse monitoramento, que pode ser feito de várias maneiras, tem as demonstrações financeiras como base.

Vamos estudar mais a fundo todas essas questões?

3.1 Objetivos das demonstrações financeiras

Das demonstrações contábeis, também chamadas de *demonstrações financeiras* e considerando a base do planejamento financeiro de uma empresa, podemos extrair inúmeras informações relevantes para o processo de tomada de decisão, assim como para o monitoramento e planejamento empresarial.

Podemos entender, de acordo com Andrich e Cruz (2013), que as demonstrações financeiras representam a realidade econômica e financeira das empresas e seguem um fluxo básico de funcionamento.

Figura 3.1 – Fluxo básico do funcionamento empresarial

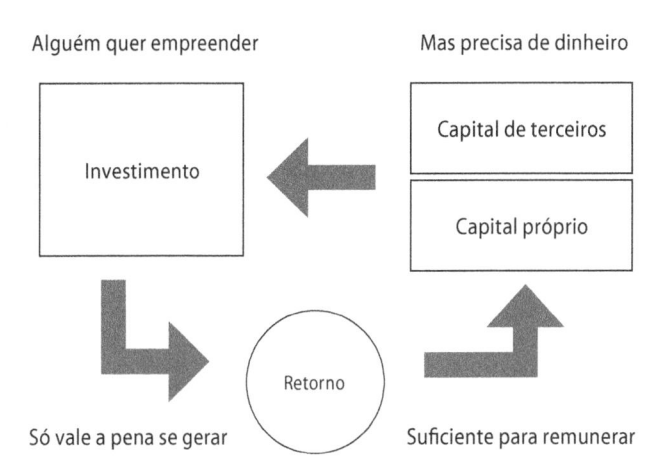

Alguém quer empreender — Mas precisa de dinheiro

Investimento ← Capital de terceiros / Capital próprio

Só vale a pena se gerar → Retorno ← Suficiente para remunerar

Fonte: Adaptado de Almeida et al., 2014, p. 54.

Podemos entender facilmente, analisando a Figura 3.1, que todo e qualquer tipo de investimento deve apresentar um retorno que, para nós, deve ser suficiente para remunerar o capital que foi investido, para que os sócios possam reinvestir uma parte dele na própria empresa novamente.

Mas como relacionamos as demonstrações financeiras com esse fluxo básico do funcionamento empresarial? A resposta é bem simples, pois são as demonstrações financeiras que nos mostram três pontos:

1. a forma como os investimentos foram realizados na empresa (aplicação de recursos);
2. de onde vieram os recursos financeiros que foram aplicados na operação (origem dos recursos);
3. qual foi o retorno efetivo que os investimentos trouxeram para a própria empresa (remuneração do capital).

Esses quesitos são entendidos como os objetivos principais das demonstrações financeiras.

Precisamos entender também que esses três objetivos devem estar sempre embasados nos princípios da contabilidade, área em que todas as informações contábeis são registradas, retratando as movimentações e as transações que ocorreram na empresa.

Esses registros contábeis, que são especificados diretamente nas demonstrações financeiras, servem como critérios de avaliação e comparação do desempenho da empresa em determinados períodos de tempo. Para que isso possa acontecer da melhor maneira possível, é necessário que eles sigam os princípios e convenções contábeis previamente estabelecidos. São vários os princípios da contabilidade, mas destacamos aqui três deles que, de acordo com Megliorini (2012, p. 12), se aplicam diretamente ao planejamento financeiro:

1. **Princípio do registro pelo valor original:** Todos os registros das movimentações e das transações contábeis devem ser realizados pelo seu efetivo valor original.
2. **Princípio da competência:** Todas as receitas e despesas devem ser incluídas no exercício social em que aconteceram, não se levando em consideração para tal a data do recebimento ou do pagamento.
3. **Convenção da consistência:** uma vez que um método de registro de dados é adotado, ele não pode ser alterado com frequência de um ano para o outro, pois isso pode

acabar prejudicando a sistemática de comparação das demonstrações contábeis.

Para entendermos melhor essas questões que vimos até agora, precisamos saber o que é o Balanço Patrimonial (BP) e a Demonstração do Resultado do Exercício (DRE). Mas, antes disso, é necessário entendermos também os dois principais regimes que são utilizados pela contabilidade e que têm reflexo direto sobre as finanças de uma empresa. Desse modo, vamos tratar desses regimes antes de nos aprofundarmos nas nossas análises das demonstrações financeiras.

3.2 Regimes contábeis

As demonstrações financeiras baseiam-se em determinadas técnicas para expor o resultado de um período de uma empresa e, para isso, basicamente, é realizada a confrontação entre o total das entradas de recursos financeiros no período e o total das saídas.

É exatamente nessa confrontação de entradas e saídas que precisamos tomar um cuidado muito grande, pois o regime contábil adotado pela empresa é que definirá como deverão ser consideradas essas relações na apuração das demonstrações financeiras.

Dessa forma, são dois os principais regimes contábeis que disciplinam essas relações: o regime de caixa e o regime de competência.

3.2.1 Regime de caixa

De acordo com Bazzi (2014, p. 175), o regime de caixa é a "sistemática de registro contábil que considera apenas os pagamentos e os recebimentos da empresa, de acordo com a data de entrada e de saída dos recursos financeiros, ou seja, somente no ato da movimentação financeira". Podemos entender que, no regime de caixa, tanto os recebimentos quanto os pagamentos são reconhecidos quando acontecem a entrada e a saída de dinheiro do caixa da empresa.

O método do regime de caixa, tradicionalmente, é utilizado para a preparação das demonstrações financeiras da maioria das entidades públicas. Todas as outras empresas devem apurar as demonstrações com base no regime de competência, salvo algumas exceções permitidas pela legislação fiscal. Porém, de modo geral, o regime de competência, de acordo com a legislação vigente no Brasil, não pode, em nenhum momento, ser substituído pelo regime de caixa. Isso acontece em virtude da violação do princípio da competência contábil, como vimos há pouco.

É bem mais fácil entendermos o regime de caixa do que o regime de competência, já que o caixa é uma relação mais direta nas empresas (e até mesmo na nossa vida pessoal), pois entendemos facilmente como controlar as entradas e saídas de dinheiro, diferentemente da maneira como isso acontecerá. Assim, a regra geral do regime de caixa é a seguinte, conforme Chagas (2013): as despesas somente poderão ser consideradas quando efetivamente for realizado o seu pagamento, independentemente do momento em que elas foram realizadas; já as receitas somente serão consideradas como *receitas* quando forem recebidas, independentemente do momento em que a venda foi realizada.

3.2.2 Regime de competência

Bazzi (2014, p. 179) explica que o regime de competência é a "sistemática de registro contábil que considera os fatos contábeis no momento em que ocorrem e não no momento da efetiva movimentação financeira, como ocorre no regime de caixa". Podemos perceber que o regime de competência é totalmente diferente do regime de caixa, além de permitir uma apresentação bem melhor dos fatos contábeis. Já vimos que o regime de competência é também um princípio contábil que determina que, sob o método da competência, todos os efeitos financeiros das transações devem ser reconhecidos no período em que ocorrem, apresentando-se essas movimentações nas demonstrações financeiras.

É nessas demonstrações financeiras, preparadas de acordo com o método de competência, que todas as partes interessadas são informadas a respeito das transações efetuadas pela empresa. Isso independe do fato de elas já terem acontecido ou não, refletindo a verdadeira saúde financeira da empresa. Isso acontece basicamente porque a renda demonstrada por meio do regime de competência é a renda realmente merecida, e não a que é analisada quando é recebida.

Chagas (2013) apresenta a regra geral do regime de competência: a despesa deve ser lançada na data efetiva do seu acontecimento, independentemente de quando será paga; já as receitas devem ser lançadas no momento da venda, e não quando forem pagas.

3.2.3 Os regimes nas demonstrações financeiras

Você se lembra que dissemos anteriormente que a legislação fiscal brasileira obriga que todas as empresas desenvolvam as suas demonstrações financeiras com base no regime de competência? Pois é, mesmo com essa obrigatoriedade, algumas análises de planejamento financeiro podem ser realizadas com base no regime de caixa.

O regime de competência é obrigatório para a determinação e medição do resultado de uma empresa, em que são consideradas as vendas já efetuadas e as despesas já realizadas. A demonstração financeira que retrata todos esses lançamentos, com base no regime de competência, é a Demonstração do

Resultado do Exercício (DRE), pela qual podemos identificar se uma empresa apresentou lucro ou prejuízo no final do período.

Entretanto, o regime de caixa também é utilizado para o desenvolvimento de alguns demonstrativos financeiros da empresa, por exemplo, a Demonstração dos Fluxos de Caixa (DFC). Ela mostra o total das entradas e saídas efetivas de dinheiro da empresa, revelando-nos, no momento em que a interpretamos, como está a saúde financeira da organização.

Feitas essas considerações, agora podemos estudar as demonstrações financeiras.

3.3 Balanço Patrimonial (BP)

O Balanço Patrimonial (BP) é a demonstração financeira que organiza e resume tudo o que a empresa possui (que é classificado como **Ativo**) e tudo o que a empresa deve (que é classificado como **Passivo**). A diferença entre o Ativo e o Passivo representa o Patrimônio Líquido (PL) da empresa. A estrutura básica do BP está representada no Quadro 3.1.

Quadro 3.1 – Estrutura básica do Balanço Patrimonial

BALANÇO PATRIMONIAL	
ATIVO	**PASSIVO**
ATIVO CIRCULANTE	PASSIVO CIRCULANTE
Caixa	Duplicatas a Pagar
Bancos	Tributos a Recolher
Aplicações Financeiras	Salários a Pagar
Clientes a Receber	Encargos Sociais
Estoques	Empréstimos
ATIVO NÃO CIRCULANTE	Outras Obrigações a Pagar
Ativo Realizável a Longo Prazo	
Clientes a Receber	PASSIVO NÃO CIRCULANTE
Investimentos	Empréstimos
Participações	Financiamentos

(continua)

(Quadro 3.1 – conclusão)

BALANÇO PATRIMONIAL	
ATIVO	**PASSIVO**
ATIVO NÃO CIRCULANTE	PASSIVO NÃO CIRCULANTE
Imobilizado	
Máquinas e Equipamentos	
(–) Depreciação Acumulada	PATRIMÔNIO LÍQUIDO
Intangível	Capital Social
Fundo de Comércio	Reservas de Capital
Carteira de Clientes	Reservas de Lucros
Marcas e Patentes	Prejuízos Acumulados

Podemos constatar, no Quadro 3.1, que no lado esquerdo do BP está o Ativo, agrupando as contas que representam diretamente as aplicações de recursos dos bens e direitos que a empresa tem para receber até data de fechamento do balanço. As contas do Ativo são ordenadas de uma forma decrescente de grau de liquidez, ou seja, em primeiro lugar, aparecem as contas que representam os lançamentos que podem se transformar em dinheiro mais rapidamente (Ativo Circulante) e, depois, as que demoram mais para se converter em dinheiro vivo no caixa da empresa (Ativo Não Circulante).

No lado direito do BP estão as contas classificadas como *Passivo* e *Patrimônio Líquido*, representando a origem dos recursos, que são compostos pelo capital próprio e pelo capital de terceiros. É no Passivo que são lançadas as obrigações que a empresa tem para pagar. As contas do Passivo são ordenadas de uma forma decrescente de exigibilidade, ou seja, primeiro vêm as contas que vencem dentro do exercício social (Passivo Circulante) e, depois, as que irão vencer após o término do exercício social (Passivo Não Circulante). Além do lançamento das obrigações a pagar, o lado direito inclui ainda o Patrimônio Líquido, que representa o capital que os sócios investiram na empresa, além de algumas reservas e o resultado acumulado ao longo do período.

O BP é uma demonstração financeira bem conhecida pelos contadores, que a analisam com os olhos da contabilidade. Mas, para o planejamento financeiro, precisamos ter uma visão diferenciada, pois as análises que vamos realizar são bem diferentes. A visão para a administração financeira pode ser a que está representada na Figura 3.2.

Figura 3.2 – Visão financeira do Balanço Patrimonial

Você percebeu que na parte inferior da Figura 3.2 há uma balança? Sua presença se justifica para indicar que o BP representa o equilíbrio patrimonial da empresa, em que o total do lado esquerdo (Ativo) tem de sempre ser igual ao total do lado direito (Passivo e Patrimônio Líquido). Dessa forma, o total do Ativo da empresa será sempre igual ao total do Passivo com o Patrimônio Líquido, o que resulta na chamada *fórmula patrimonial*:

> Ativo = Passivo + Patrimônio Líquido

Bazzi (2014, p. 85), em relação à fórmula patrimonial, afirma que "essa equação é a base de toda e qualquer análise sobre o patrimônio de qualquer tipo de empresa, independentemente do seu tamanho, da natureza do seu negócio ou da sua forma de organização". Vamos ver como fica isso na prática, analisando e interpretando de uma forma básica o BP de uma empresa.

Ao chegar ao fim de seu segundo ano de operação, determinada empresa apresentou o BP representado na Tabela 3.1.

Tabela 3.1 – Balanço Patrimonial

ATIVO	ANO 1	ANO 2	PASSIVO	ANO 1	ANO 2
ATIVO CIRCULANTE	R$ 661.083	R$ 838.997	PASSIVO CIRCULANTE	R$ 468.447	R$ 478.680
Caixa	R$ 2.149	R$ 1.631	Duplicatas a Pagar	R$ 202.438	R$ 182.590
Bancos	R$ 9.904	R$ 7.516	Tributos a Pagar	R$ 78.749	R$ 82.770
Aplicações Financeiras	R$ 36.848	R$ 23.118	Salários a Pagar	R$ 66.804	R$ 60.254
Clientes a Receber	R$ 348.153	R$ 365.234	Encargos Sociais	R$ 8.684	R$ 7.833
Estoques	R$ 264.029	R$ 441.498	Empréstimos	R$ 18.904	R$ 23.836
ATIVO NÃO CIRCULANTE	R$ 256.703	R$ 477.842	Outras Obrigações a Pagar	R$ 92.868	R$ 121.397
Ativo realizável a longo prazo	R$ 69.282	R$ 172.681	PASSIVO NÃO CIRCULANTE	R$ 137.466	R$ 254.633
Cliente a Receber	R$ 69.282	R$ 172.681	Empréstimos	R$ 89.817	R$ 140.086
Investimentos	R$ 20.642	R$ 44.707	Financiamentos	R$ 42.833	R$ 108.020
Participações	R$ 20.642	R$ 44.707	Outras Obrigações a Pagar	R$ 4.816	R$ 6.527
Imobilizado	R$ 155.095	R$ 248.770	PATRIMÔNIO LÍQUIDO	R$ 311.873	R$ 583.526

(continua)

(Tabela 3.1 – conclusão)

ATIVO	ANO 1	ANO 2	PASSIVO	ANO 1	ANO 2
Máquinas e Equipamentos	R$ 198.128	R$ 318.935	Capital Social	R$ 187.738	R$ 341.187
(–) Depreciação Acumulada	–R$ 43.033	–R$ 70.165	Reservas de Capital	R$ 5.911	R$ 3.043
Intangível	**R$ 11.684**	**R$ 11.684**	Reservas de Lucros	R$ 118.224	R$ 239.296
Marcas e Patentes	R$ 11.684	R$ 11.684	Prejuízos Acumulados	R$ –	R$ –
TOTAL DO ATIVO	**R$ 917.786**	**R$ 1.316.839**	**TOTAL DO PASSIVO**	**R$ 917.786**	**R$ 1.316.839**

Você percebe que o balanço está perfeitamente equilibrado? Ou seja, o total do Ativo do ano 1 é exatamente igual ao total do Passivo do ano 1, e o mesmo acontece no ano 2. Está aí a representação da equação patrimonial.

Entretanto, ao examinarmos o BP com um olhar mais financeiro do que contábil, devemos observar duas questões importantes, que geralmente não têm quase muita importância para o contador, mas que para o administrador financeiro são cruciais para o desenvolvimento do planejamento financeiro: a liquidez e a relação existente entre capital próprio e capital de terceiros.

3.3.1 Liquidez

A liquidez pode ser vista como a velocidade (ou a facilidade) com que a empresa consegue transformar um ativo seu em "dinheiro vivo" no caixa. Essa situação de conversão em dinheiro no caixa apresenta duas dimensões que precisam obrigatoriamente ser analisadas: a facilidade de conversão e a perda de valor. Podemos entender essas dimensões de uma maneira bem simples: se determinado ativo é considerado como de alta liquidez, isso quer dizer que ele pode ser vendido rapidamente e que não haverá nenhuma perda significativa do seu valor; já um ativo ilíquido é aquele que não tem condições de se converter diretamente em dinheiro no caixa de uma forma bem rápida e ainda terá uma redução significativa no seu valor.

Podemos perceber, com isso, que a liquidez tem um valor e que, quanto mais "líquida" for a situação da empresa, menor será a possibilidade de ela não conseguir pagar as dívidas ou de comprar novos ativos necessários para seu funcionamento. Infelizmente, alguns dos ativos mais líquidos, tradicionalmente, são bem menos rentáveis que os outros. Por exemplo, o dinheiro no caixa da empresa é considerado o ativo mais líquido, mas dinheiro parado não traz retorno algum para a empresa. Que situação complicada essa, você não acha?

3.3.2 Capital de terceiros *versus* capital próprio

Sabemos perfeitamente que a maioria das empresas que pegam dinheiro emprestado está com problemas no seu caixa, não conseguindo pagar todas as contas com os seus próprios recursos.

Os sócios da empresa, com dinheiro no caixa ou não, têm o direito de receber somente o que acaba sobrando das operações no final do período, depois de pagas todas as dívidas com os credores da empresa (contabilmente chamada de *Exigível Total*). Quando se pagam todas as dívidas e ainda sobra dinheiro, chamamos essa sobra de *valor residual*, que nada mais é do que o Patrimônio Líquido da empresa, que está lá no BP.

Podemos entender essa relação por meio de uma simples fórmula:

> **Patrimônio Líquido = Ativo − Exigível Total**

Essa análise é perfeita quando realizada com os olhos da contabilidade. Para as finanças, se a empresa decide vender seus ativos para pagar suas dívidas, todo o caixa que sobra pode ficar totalmente à disposição dos sócios. Mas essa é uma situação muito delicada, pois qual sócio não gostaria de ter uma empresa sadia, aumentando assim seu investimento?

Isso acaba nos conduzindo a um outro conceito financeiro muito importante: a alavancagem financeira. Se uma empresa tem muitas dívidas ou muito recursos de terceiros na sua estrutura de capital, podemos perfeitamente concluir que ela tem um certo endividamento e que, quanto maiores forem as dívidas, maior será seu grau de endividamento. Dessa forma, a dívida da empresa está funcionando como se fosse uma alavanca, que está sendo utilizada para poder aumentar os ganhos ou as perdas dessa organização. Portanto, podemos concluir que a alavancagem financeira pode aumentar a remuneração dos sócios, mas, se não for bem conduzida e analisada, pode aumentar muito o potencial de insolvência da empresa.

3.4 Demonstração do Resultado do Exercício (DRE)

A Demonstração do Resultado do Exercício (DRE) é a demonstração contábil que mede o desempenho real da empresa ao longo de determinado período. Bazzi (2014, p. 217) afirma que a DRE "expõe, de forma ordenada, as receitas e as despesas do exercício". A DRE geralmente é expressa de acordo com a seguinte equação:

> **Receitas – Despesas = Lucro**

A DRE é uma demonstração obrigatória para as empresas e deve sempre ser elaborada com o BP. Bazzi (2014, p. 217) explica que "esse relatório fornece aos gestores da empresa, provavelmente, o valor mais importante para os negócios: o resultado líquido do exercício da empresa, seja este expresso na forma de lucro ou de prejuízo".

Para que possamos realizar as análises financeiras com base na DRE, precisamos ter uma visão um pouco diferente da visão contábil, assim como aconteceu com o BP. Dessa maneira, a visão da DRE para a administração financeira é a exposta na Figura 3.3.

Figura 3.3 – Visão financeira da Demonstração do Resultado do Exercício

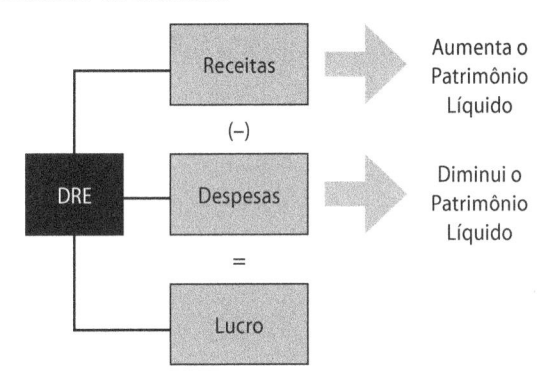

```
                    ┌── Receitas ──▶ Aumenta o Patrimônio Líquido
                    │      (−)
         DRE ───────┼── Despesas ──▶ Diminui o Patrimônio Líquido
                    │       =
                    └── Lucro
```

Essa relação entre as receitas e as despesas, aumentando ou diminuindo o Patrimônio Líquido da empresa, é de suma importância para a área financeira, principalmente quando se analisam alguns índices e indicadores financeiros (conforme veremos no Capítulo 5).

Na DRE, tanto quanto no BP, todos os lançamentos atendem obrigatoriamente ao princípio de competência, conforme verificamos anteriormente. Tendo o princípio da competência como base, a estrutura da DRE deve contemplar todas as receitas, custos e despesas que ocorrem no exercício social da empresa, demonstrando no seu final o resultado do período. Se ele for positivo, representa que a empresa teve lucro; se for negativo, representa um prejuízo.

Dessa forma, quando analisamos a estrutura da DRE com um olhar financeiro, estamos olhando para uma *performance* mais econômico-financeira da empresa do que contábil, sendo necessário tomar um cuidado muito grande em dois aspectos relevantes:

1. **Receitas**: São concretizadas no momento da entrega do produto ou do serviço para o cliente, em troca de uma quantia de dinheiro previamente estipulada no ato da venda. Se quisermos analisar um conceito contábil mais específico, basta verificarmos como o Pronunciamento Técnico PME R1, no item 2.23, do Cômite de Pronunciamentos Contábeis (CPC) define as receitas: "aumentos de benefícios econômicos durante o período contábil, sob a forma de entradas ou aumentos de ativos ou diminuições de passivos, que resultem em aumento do patrimônio líquido e que não sejam provenientes de aportes dos proprietários da entidade" (CPC, 2009).

2. **Despesas**: São consideradas como os recursos utilizados diretamente para a obtenção das receitas e que mensuram o resultado da empresa no exato momento em que ele é apurado.

Outra questão importante relacionada com a DRE é que ela completa diretamente o BP, gerando a informação contábil e financeira que será a base para o processo decisório e para o início do planejamento financeiro da organização. Com base nesses resultados, podemos realizar várias análises, interpretações e estudos, contemplando as variações que ocorreram nos períodos contábeis. Verificaremos essas análises com mais profundidade no Capítulo 5, mas antes precisamos ver como é estruturada efetivamente a DRE no exemplo a seguir.

A mesma empresa que analisamos anteriormente apresentou, ao chegar no fim de seu segundo ano de operação, a DRE representada na Tabela 3.2.

Tabela 3.2 – Demonstração do Resultado do Exercício

	ANO 1	ANO 2
Receita Operacional Bruta	**R$ 322.097**	**R$ 440.060**
(–) Deduções da receita	–R$ 34.510	–R$ 47.148
Receita Operacional Líquida	**R$ 287.587**	**R$ 392.912**
(–) Custos Operacionais	–R$ 64.707	–R$ 98.404
Lucro Bruto	**R$ 222.880**	**R$ 294.508**
(–) Despesas Operacionais	–R$ 48.841	–R$ 93.889
Lucro Antes dos Juros e do Imposto de Renda	**R$ 174.039**	**R$ 200.619**
Receitas Financeiras	R$ 651	R$ 1.453
(–) Despesas Financeiras	–R$ 17.058	–R$ 40.643
Lucro Antes do Imposto de Renda	**R$ 157.632**	**R$ 161.429**
(–) Provisão para IRPJ e CSLL	–R$ 39.408	–R$ 40.357
Resultado do Exercício após o Imposto de Renda	**R$ 118.224**	**R$ 121.072**

Analisando a DRE, você consegue perceber que no ano 1 a empresa apresentou lucro e que no ano 2 também? Isso quer dizer que, ao longo dos dois anos, a princípio, o Patrimônio Líquido dela aumentou.

Desse modo, podemos facilmente perceber que a DRE tem, ao menos, seis componentes básicos para a sua estruturação, conforme demonstra a Figura 3.4.

Figura 3.4 – Representação gráfica da Demonstração do Resultado do Exercício

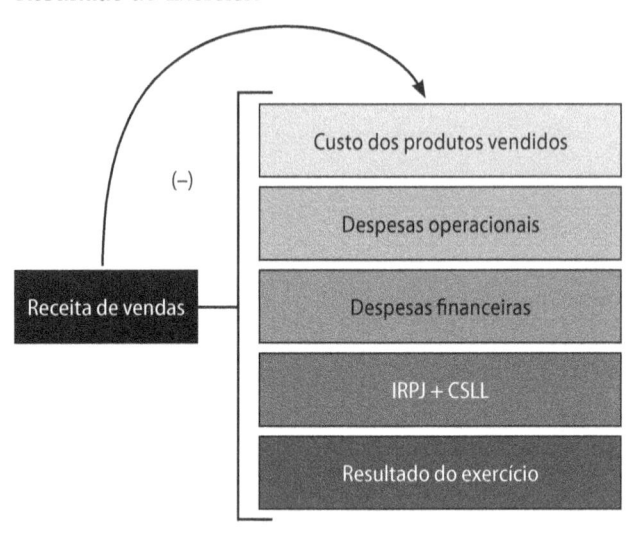

[Receita de vendas (−)
- Custo dos produtos vendidos
- Despesas operacionais
- Despesas financeiras
- IRPJ + CSLL
- Resultado do exercício]

Por meio dessa representação gráfica da DRE, podemos analisar vários resultados diferentes da empresa, que servirão de base para o desenvolvimento de vários fluxos de caixa que podem ser gerados, conforme veremos na sequência.

3.5 Fluxos de caixa

Quando falamos em fluxo de caixa de uma empresa, precisamos diferenciar claramente, num primeiro momento, o que é um *fluxo de caixa*, pois, para a contabilidade, é uma coisa; para as finanças, em geral, é outra; e, para o planejamento financeiro como um todo, a visão é também totalmente diferente.

Para a contabilidade, o fluxo de caixa de uma empresa é representado de acordo com a Demonstração dos Fluxos de Caixa (DFC). Bazzi (2014, p. 226) explica que a DFC "busca sintetizar todos os fatos que envolvam fluxos de recursos financeiros na forma de entradas (débito) e saídas (crédito)

da conta Caixa". Você consegue perceber que, por ser uma demonstração especificamente contábil, a DFC deve obrigatoriamente seguir o regime de competência? Basta vermos que as entradas representam um débito na contabilidade e que as saídas representam um crédito. Essa demonstração separa todas as movimentações que ocorreram no caixa da empresa, analisando-as de acordo com três grupos específicos de atividades: operacionais, de investimento e de financiamento.

Já para as finanças, quando falamos em fluxo de caixa, não interessa mais o regime de competência, mas o regime de caixa. Assim, o fluxo de caixa "financeiro" busca, na prática, resumir todas as entradas e saídas de caixa durante um determinado período, demonstrando efetivamente o quanto a empresa terá de saldo, ou seja, de dinheiro no caixa, de acordo com seus recebimentos e pagamentos. Talvez essa informação, para as finanças de uma empresa, possa ser considerada como a mais relevante para o processo decisório financeiro de curto prazo.

Para fins de planejamento financeiro, no entanto, essas duas análises não são totalmente suficientes, pois a análise do caixa da empresa deve ser feita com uma complexidade maior, cruzando de certa maneira esses dois fluxos de caixa. É necessário criar uma outra identidade, relacionando os fluxos de caixa gerados pelos ativos da empresa, pelos credores e pelos acionistas, como vemos na Figura 3.5.

Figura 3.5 – Identidade do fluxo de caixa

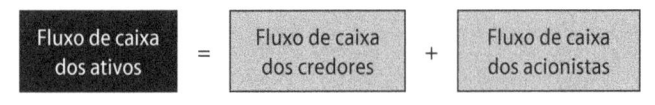

| Fluxo de caixa dos ativos | = | Fluxo de caixa dos credores | + | Fluxo de caixa dos acionistas |

Essa identidade do fluxo de caixa com o viés do planejamento financeiro tem o envolvimento direto de três componentes:

1. **Fluxo de caixa operacional (FCO)**: Representa o caixa que é gerado por meio das atividades operacionais da empresa.

2. **Gastos líquidos de capital (GLC)**: Representa uma parte específica do fluxo de caixa que será reinvestida na própria empresa, como a compra de máquinas ou equipamentos.

3. **Variação do capital de giro líquido (ΔCGL)**: Representa o montante gasto para a manutenção do chamado *capital de giro líquido*.

Vamos examinar cada um desses componentes de forma mais prática e direta, exemplificando suas análises, para somente depois calcularmos os fluxos de caixa.

3.5.1 Fluxo de caixa operacional (FCO)

O FCO, que representa o caixa efetivo gerado pelas atividades operacionais, nada mais é do que o resultado das operações tradicionais de produção e de vendas da empresa. Dessa forma, para calcularmos o FCO, basta retirarmos a diferença entre a receita e o custo do período analisado:

$$FCO = Lajir + Depreciação - Impostos$$

Mas duas questões relevantes devem ser levadas em consideração nesse cálculo, pois estamos demonstrando uma movimentação financeira efetiva e, portanto, o regime de caixa é primordial aqui. Dessa maneira, não devemos considerar a depreciação nesse cálculo, pois ela não representa uma saída efetiva de dinheiro do caixa da empresa. Desconsideramos, também, todas as despesas financeiras, uma vez que não se relacionam com as atividades operacionais tradicionais.

Continuando com o mesmo exemplo apresentado até aqui, vejamos a estrutura de cálculo do FCO para os dois anos de funcionamento da empresa em questão, conforme Tabela 3.3.

Tabela 3.3 – Fluxo de caixa operacional

	ANO 1	ANO 2
Receita Operacional Líquida	R$ 287.587	R$ 392.912
(–) Custos e Despesas Operacionais	–R$ 113.548	–R$ 192.293
= Lucro Operacional Bruto	R$ 174.039	R$ 200.619
(–) Imposto de Renda	–R$ 39.408	–R$ 40.357
= Fluxo de Caixa Operacional	R$ 134. 631	R$ 160.262

Percebemos que o Lucro Antes dos Juros e do Imposto de Renda (Lajir) da empresa, representado na tabela como *Lucro Operacional Bruto,* foi calculado por meio da Subtração dos Custos e Despesas Operacionais da Receita Operacional Líquida. Para se calcular efetivamente o FCO de cada ano, bastou diminuir do Lajir o total pago de Imposto de Renda, obtendo-se, assim, um FCO positivo no ano 1 de R$ 134.631 e de R$ 160.262 no ano 2.

Percebemos que o FCO é uma informação importante para o planejamento financeiro, pois ele basicamente nos mostra se as entradas de dinheiro no caixa da empresa, que foram decorrentes das operações exclusivamente, foram suficientes para que a empresa pudesse efetuar todos os seus pagamentos necessários. Se o saldo for positivo, isso representa automaticamente que as operações da empresa são suficientes, mas, se for negativo, representa que a organização não tem condições de cobrir todas as suas necessidades de pagamentos, precisando recorrer, assim, a recursos financeiros de terceiros.

3.5.2   Gastos líquidos de capital (GLC)

O GLC apresenta o total do caixa que poderá ser reinvestido na empresa, principalmente em ativos imobilizados. Para isso, precisamos calcular a diferença entre os ativos imobilizados líquidos, acrescentando a depreciação acumulada do período. Assim, a fórmula do GLC é a seguinte:

> GLC = (Ativo Imobilizado do ano 2 − Ativo Imobilizado do ano 1)
> + Depreciação

Entretanto, devemos diminuir, no cálculo do GLC, o valor a ser recebido de uma eventual venda de outros ativos imobilizados no período, se houver.

Para o cálculo do GLC, utilizamos, especificamente, o BP da empresa nos seus dois anos de movimentação. Observe a Tabela 3.4.

Tabela 3.4 – Gastos líquidos de capital

	ANO 1	ANO 2
Ativo Imobilizado	R$ 198.128	R$ 318.935
(−) Depreciação Acumulada	−R$ 43.033	−R$ 70.165
Ativo Imobilizado do ano 2		R$ 318.935
Ativo Imobilizado do ano 1		−R$ 198.128
		R$ 120.807
Depreciação Acumulada do ano 2		R$ 70.165
Depreciação Acumulada do ano 1		−R$ 43.033
		R$ 27.132
Gastos líquidos de capital		**R$ 147.939**

O total de R$ 147.939 representa efetivamente que a empresa teve um gasto líquido de capital positivo no ano 2, o que acabou possibilitando que ela fizesse um investimento na aquisição de novas máquinas e novos equipamentos, sem se desfazer de nenhum dos seus ativos imobilizados antigos.

Mas será que o GLC pode ser negativo? É claro que pode, pois, se a empresa vender algum ativo imobilizado de valor significativo no período e não comprar nenhum outro para o substituir, o GLC será negativo, uma vez que o total recebido com a venda do ativo antigo deverá obrigatoriamente ser diminuído do GLC apurado no período.

3.5.3 Variação do capital de giro líquido (ΔCGL)

A ΔCGL apresenta o total que a empresa gastou no período, além dos seus investimentos e ativos imobilizados, para poder manter sua operação funcionando perfeitamente, ou seja, investindo também nos seus ativos circulantes. Assim, a fórmula da ΔCGL é a seguinte:

> ΔCGL = (Ativo Circulante do ano 2 – Passivo Circulante do ano 2) – (Ativo Circulante do ano 1 – Passivo Circulante do ano 1)

Vamos prosseguir com nosso exemplo. Assim, temos que, para o cálculo da ΔCGL, utilizamos ainda as informações constantes no BP da empresa. Veja a Tabela 3.5.

Tabela 3.5 – Variação do capital de giro líquido

	ANO 1	ANO 2
Ativo Circulante	R$ 661.083	R$ 838.997
Passivo Circulante	–R$ 468.447	–R$ 478.680
Capital de Giro Líquido	**R$ 192.636**	**R$ 360.317**
ΔCGL do Capital de Giro Líquido	**R$ 167.681**	

O CGL do ano 2 foi de R$ 360.317 e do ano 1 foi de R$ 192.636. Dessa forma, calculando a variação entre os dois anos, chegamos à conclusão de que a empresa aumentou o seu CGL em R$ 167.681, o que representa que ela soube administrar muito bem o seu Ativo Circulante de um ano para o outro, conseguindo pagar todos os seus compromissos e ainda investir esse total dentro da própria operação.

Depois de todo esse estudo e após o entendimento e o cálculo desses três componentes, conseguiremos, então, calcular os fluxos de caixa relevantes para o planejamento financeiro da empresa.

3.5.4 Fluxo de caixa dos ativos (FCA)

O FCA é calculado com base nos três componentes analisados até aqui e é expresso pela seguinte fórmula:

$$FCA = FCO - GLC - \Delta CGL$$

Continuando com o exemplo que estamos utilizando desde o início desta explicação, temos que, simplesmente aplicando a fórmula do FCA nos resultados já obtidos, chegamos à estrutura para a movimentação do ano 2 conforme consta na Tabela 3.6.

Tabela 3.6 – Fluxo de caixa dos ativos

	ANO 2
Fluxo de Caixa Operacional	R$ 160.262
Gastos Líquidos de Capital	–R$ 147.939
Variação do Capital de Giro Líquido	–R$ 167.681
Fluxo de Caixa dos Ativos	**–R$ 155.358**

Fica bem claro que essa empresa tem um certo desequilíbrio financeiro, pois seu FCA apresentou um resultado negativo. Ou seja, a empresa realizou mais investimentos nos seus ativos não circulantes e no capital de giro líquido do que especificamente na geração de caixa operacional.

Um FCA positivo é o que é normalmente esperado por uma empresa, porém, para uma empresa nova, não é alarmante apresentar um FCA negativo. Esse saldo negativo só irá representar que a empresa está buscando recursos de terceiros para poder realizar os investimentos necessários, tomando dinheiro emprestado de determinados credores financeiros ou captando esses recursos dos próprios sócios da empresa.

Dessa forma, a identidade do fluxo de caixa (o FCA) deve obrigatoriamente ser igual ao total do fluxo de caixa dos credores (FCC) e do fluxo de caixa dos acionistas (FCAc). Esses dois fluxos de caixa representam o total dos pagamentos líquidos que foram efetuados para os credores e para os sócios da empresa durante o ano e são calculados de uma maneira bem parecida.

O FCC tem como base o pagamento dos juros efetuados no período dos novos empréstimos líquidos que foram tomados pela empresa, sendo expresso pela seguinte fórmula:

> **FCC = Juros Pagos – Financiamentos Líquidos – Ajustes do Imposto de Renda**

Ainda considerando nosso exemplo, simplesmente aplicando a fórmula do FCC nos resultados já obtidos, temos a estrutura para a movimentação do ano 2, como vemos na Tabela 3.7.

Tabela 3.7 – Fluxo de caixa dos credores

	ANO 2
Juros Pagos	R$ 40.643
Financiamentos Líquidos	–R$ 120.388
Ajustes do IRPJ	R$ –
Fluxo de Caixa dos Credores	**–R$ 79.745**

Percebemos claramente que, no ano 2, a empresa teve de recorrer a dinheiro de terceiros, seja na forma de empréstimos, seja na forma de financiamentos, para poder realizar todos os investimentos que efetuou, pois o saldo do fluxo de caixa dos credores se apresentou negativo. Podemos comprovar essa relação direta quando analisamos o BP e notamos que as contas de empréstimos e de financiamentos (seja no Passivo Circulante, seja no Passivo Não Circulante) aumentaram de um ano para o outro.

Já o FCAc representa o total dos dividendos que foram pagos para os sócios, descontando-se desse total o ingresso de capital social que os sócios fizeram no período, sendo expresso pela seguinte fórmula:

FCAc = Dividendos Pagos – Ingresso de Capital

Ainda considerando nosso exemplo, simplesmente aplicando a fórmula do FCAc nos resultados já obtidos, temos o que podemos ver na Tabela 3.8, em relação à estrutura para a movimentação do ano 2.

Tabela 3.8 – Fluxo de caixa dos acionistas

	ANO 2
Dividendos Pagos	R$ –
Ingresso de Capital Próprio	–R$ 75.613
Fluxo de Caixa dos Acionistas	**–R$ 75.613**

Verificando no BP, fica claro que a empresa não efetuou nenhuma distribuição de resultado para os sócios, muito menos dividendos. Desse modo, o FCAc fica restrito ao dinheiro que os sócios colocaram na empresa ao longo do ano 2, na forma de capital social. Ou seja, os sócios não receberam nenhum dinheiro da empresa e, ainda, tiveram de aportar recursos nela.

Assim, a relação do FCA fica completa, pois agora temos a comprovação efetiva do valor que calculamos anteriormente, de acordo com a fórmula básica do FCA.

> Tendo em vista nosso exemplo, a relação dos fluxos de caixa dos ativos, dos credores e dos acionistas no ano 2 de movimentação da empresa pode ser comprovada pelos dados da Tabela 3.9.
>
> Tabela 3.9 – Relação do fluxo de caixa dos ativos
>
> | | ANO 2 |
> |---|---|
> | **Fluxo de Caixa dos Ativos** | −R$ 155.358 |
> | Fluxo de Caixa dos Credores | −R$ 79.745 |
> | Fluxo de Caixa dos Acionistas | −R$ 75.613 |
>
> Conseguimos comprovar, de uma segunda maneira, que a empresa apresenta, sim, um desequilíbrio financeiro, pois seu FCA é negativo, e ele foi representado totalmente por recursos de terceiros e pelo capital social que os sócios colocaram a mais na empresa.

Essa análise de fluxo de caixa tem uma aplicação mais prática quando analisamos os resultados da empresa com uma expectativa direta de planejamento financeiro, sendo um tanto quanto diferenciada em relação à análise mais tradicionalmente aceita, que levanta as entradas e as saídas de dinheiro no caixa da empresa.

Estudo de caso

O QUE MERCADO FINANCEIRO E EMPREENDEDORISMO TÊM EM COMUM? MUITO MAIS DO QUE VOCÊ IMAGINA.

Assim como em um empreendimento, o mercado financeiro exige muito trabalho, dedicação, planejamento e entrega. Veja aqui quais lições de gestão você pode tirar dessa área.

No fundo, se você pensar bem, vai perceber que o mercado financeiro e o processo de empreender têm mesmo muita coisa semelhante – a começar pela carga de trabalho. Seja atuando no mercado, seja empreendendo, há que se trabalhar muito e duro para que as coisas de fato aconteçam. Afinal, construir algo requer muito empenho e dedicação que vai muito além do horário comercial.

Além disso, tanto no mercado financeiro quanto em um empreendimento, o planejamento e o constante monitoramento das ações são determinantes. A gestão propriamente dita pode ser considerada outro ponto bastante semelhante em ambos os casos.

Claudio Sassaki, fundador da plataforma educacional Geekie e ex-profissional do mercado financeiro, aponta para mais uma semelhança entre os dois ramos: as pessoas. Para Sassaki, tanto no mercado quanto no meio empreendedor existe a predominância de profissionais muito capacitados, motivados e talentosos. No entanto, em meio a essas semelhanças, há uma diferença fundamental entre as duas áreas: o propósito.

Segundo Sassaki, a "pegada" no mercado financeiro costuma ser o crescimento rápido, e isso acaba incentivando um comportamento mais individualista por parte dos profissionais.

Já o empreendedorismo costuma corresponder a outro tipo de propósito: relaciona-se a uma missão de vida, ao desejo de deixar uma marca, um legado melhor para o mundo.

Fonte: Adaptado de Endeavor Brasil, 2015.

Síntese

O planejamento financeiro, quando bem fundamentado e executado, é essencial para que a empresa possa ter uma visão mais ampla da sua operação, tendo uma base mais sólida para as suas projeções, que têm como início as duas principais demonstrações contábeis: o Balanço Patrimonial (BP) e a Demonstração do Resultado do Exercício (DRE).

Outra questão relevante dessas projeções financeiras é o enfoque de planejamento que se utiliza, ou seja, se a base são, única e exclusivamente, as demonstrações contábeis, utilizamos obrigatoriamente o regime contábil da competência (em que as entradas e as saídas são levadas em consideração no momento em que acontecem). Entretanto, quando o enfoque é mais financeiro, utilizamos um outro regime: o regime de caixa (em que as movimentações financeiras somente são registradas quando efetivamente acontecer uma entrada ou saída de dinheiro no caixa da empresa).

Outra questão relevante em relação ao planejamento financeiro, que tem como base a estrutura das demonstrações financeiras, é a análise dos fluxos de caixa da empresa. Para fins de planejamento, utilizam-se os dois regimes contábeis também. Pelo regime de competência, é desenvolvida a Demonstração dos Fluxos de Caixa (DFC), que separa as atividades que foram realizadas em operacionais, de investimento e de financiamento (analisaremos mais a fundo essa demonstração no Capítulo 4). Pelo método do regime de caixa, é estruturada uma demonstração que relaciona todas as entradas e saídas efetivas do caixa. Mas, para fins do planejamento financeiro especificamente, a ferramenta mais precisa é a análise dos fluxos de caixa dos ativos, que leva em consideração o fluxo de caixa dos credores e dos acionistas, demonstrando efetivamente de onde vieram os recursos financeiros utilizados no período e como foram empregados no fluxo de caixa operacional (FCO).

Percebemos claramente até aqui que o planejamento financeiro é de enorme importância para qualquer tipo de empresa. Nem todos os autores concordam com essa afirmação, porém, para nós, o que interessa é destacarmos essa associação das demonstrações financeiras e dos fluxos de caixa, que sempre serão um fonte importante de informações para o processo de tomada de decisão financeira de uma empresa.

Exercícios resolvidos

1. Espera-se claramente de um bom administrador financeiro que suas decisões sejam tomadas sempre com o objetivo de atender melhor ao(s) interesse(s):
   a) do administrador principal da empresa.
   b) do conselho diretor da empresa.
   c) dos sócios da empresa.
   d) de todos os funcionários da empresa.
   e) dos bancos e credores da empresa.

   Resolução:

   c. Em um primeiro momento, o administrador financeiro sempre deve buscar atender aos interesses dos sócios, ou acionistas, da empresa. Isso se deve ao fato de que, com eles satisfeitos, todas as outras partes interessadas terão seus interesses atendidos também.

2. Ao se analisar o lado esquerdo do Balanço Patrimonial, de forma geral, o que está mudando efetivamente quando se lê essa demonstração de cima para baixo?
   a) Os passivos são mais depreciados.
   b) Os ativos crescem de valor absoluto.
   c) Os passivos diminuem de maturidade.
   d) Os ativos tornam-se menos líquidos.
   e) Os passivos estão tornando-se menos líquidos.

Resolução:

d. O lado esquerdo do Balanço Patrimonial é representado pelos ativos de uma empresa, que são ordenados pelo critério de liquidez, ou seja, primeiramente se apresentam os ativos menos líquidos (aqueles que podem ser convertidos em dinheiro mais rapidamente, com uma pequena perda de valor no momento da conversão). Portanto, se estamos analisando os ativos da empresa, de cima para baixo, os ativos começam a ser menos líquidos conforme eles estão ordenados.

3. O capital de giro líquido é calculado por meio da:
    a) diferença entre os ativos circulantes e os passivos circulantes.
    b) relação direta entre os ativos totais e as dívidas totais.
    c) multiplicação dos estoques pelas contas a pagar.
    d) divisão do dinheiro em caixa pelas dívidas totais da empresa.
    e) soma entre os ativos circulantes e os passivos circulantes.

Resolução:

a. O capital de giro líquido tem como base a diferença entre o total do Ativo Circulante e o do Passivo Circulante, representando o investimento da empresa no curto prazo.

Questões para revisão

1. (Enade/Ciências Contábeis – 2009) A Gráfica Universitária pretende comercializar a Revista Educação no mercado brasileiro. Os gestores da empresa estimam gastos variáveis de R$ 1,50 por revista processada e gastos fixos na ordem de R$ 100.000,00 por mês. Por outro lado, os gestores comerciais esperam obter R$ 1,00 por revista comercializada, além de R$ 130.000,00 mensais relativos à receita de publicidade.

Permanecendo as demais condições constantes, para se alcançar um lucro de R$ 10.000,00 por mês, será necessário comercializar:

a) 220.000 assinaturas.
b) 80.000 assinaturas.
c) 60.000 assinaturas.
d) 40.000 assinaturas.
e) 20.000 assinaturas.

2. (CFC/Exame de Suficiência – 2014) Assinale a opção que apresenta a situação que retrata um lançamento contábil capaz de gerar um aumento no Ativo e no Passivo:

a) O reconhecimento da depreciação de um bem imóvel.
b) O pagamento de salários de funcionários.
c) A compra de um veículo à vista.
d) A compra de um veículo a prazo.

3. (Adaptada de CFC/Exame de Suficiência – 2014) Uma sociedade empresarial apresentou os seguintes dados do Balanço Patrimonial em 31.12.2013.

ATIVO	R$ 196.000,00	PASSIVO	R$ 196.000,00
Ativo Circulante	R$ 96.800,00	Passivo Circulante	R$ 67.000,00
Ativo Não Circulante	R$ 99.200,00	Passivo Não Circulante	R$ 82.000,00
Realizável a Longo Prazo	R$ 35.000,00	Patrimônio Líquido	R$ 47.000,00
Investimentos	R$ 4.300,00		
Imobilizado	R$ 59.100,00		
Intangível	R$ 800,00		

Considerando os dados do Balanço Patrimonial apresentados anteriormente, o valor do capital de giro líquido – CGL da empresa, em 31.12.2013:

a) corresponde a R$ 17.200,00 decorrente da diferença entre o Ativo Não Circulante e o Passivo Não Circulante.
b) corresponde a R$ 29.800,00 decorrente da diferença entre o Ativo Circulante e o Passivo Circulante.
c) corresponde a R$ 47.000,00, pois CGL corresponde aos Recursos Próprios do Patrimônio Líquido.
d) corresponde a R$ 96.000,00, pois CGL é disponível no Ativo Circulante.

4. No lado direito do Balanço Patrimonial estão as contas classificadas como *Passivo* e *Patrimônio Líquido*, representando a origem dos recursos, que são compostos pelo capital próprio e pelo capital de terceiros. Como são classificadas essas contas?

5. Quais são as principais diferenças entre o regime de caixa e o regime de competência?

Saiba mais

Para aprender mais sobre a estrutura conceitual das demonstrações financeiras e sobre como é tratada a informação contábil no planejamento financeiro, conheça o texto da resolução indicada a seguir, que trata da estrutura conceitual para a elaboração e apresentação das demonstrações contábeis.

CFC – Conselho Federal de Contabilidade. Resolução n. 1.128, de 28 de março de 2008. **Diário Oficial da União**, Brasília, DF, 1º abr. 2008. Disponível em: <www.cfc.org.br/sisweb/sre/docs/RES_1121.doc>. Acesso em: 17 nov. 2015.

Perguntas & respostas

1. Qual é a principal diferença entre o conceito de *circulante* e *não circulante* no Balanço Patrimonial?

Resposta: *Circulante* são os valores que serão realizados no prazo de um ano, a partir da data do balanço. Todos os valores restantes, que serão realizados após um ano, são classificados como *não circulantes*. Essa separação vale tanto para o Ativo quanto para o Passivo no Balanço Patrimonial.

2. O que é efetivamente o Capital de Giro Líquido (CGL)?

Resposta: O CGL é a resultante da diferença entre o Ativo Circulante e o Passivo Circulante. Ou seja, é um indicador que representa o capital de giro (Ativo Circulante) da empresa, menos o total de suas obrigações de curto prazo (Passivo Circulante). Outra análise possível do CGL é a utilização dos bens e direitos de curto prazo da empresa (Ativo Circulante) para financiar as dívidas ou os valores a pagar também no curto prazo (Passivo Circulante).

Dinâmica das decisões financeiras

4

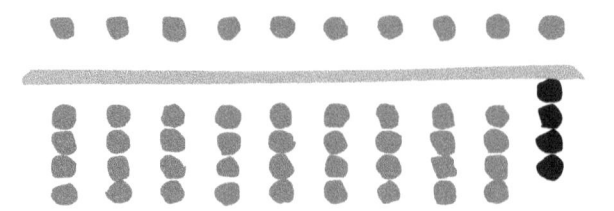

Conteúdos do capítulo:

- Impactos das atividades nas decisões financeiras.
- Decisões relacionadas às operações, aos investimentos e aos financiamentos.
- Processo decisório relacionado às atividades financeiras.

Após o estudo deste capítulo, você será capaz de:

1. entender quais são as principais atividades realizadas nas finanças empresariais;
2. analisar a dinâmica das decisões financeiras;
3. relacionar as decisões financeiras e seus impactos no resultado;
4. descrever o processo decisório com base nas decisões financeiras.

Neste capítulo, você irá aprender como é feita a classificação das atividades empresariais ligadas diretamente ao planejamento financeiro de uma empresa: atividades de operações, de investimento e de financiamento. As **atividades de operações** se relacionam diretamente com as contas do resultado da empresa, que são expressas na Demonstração de Resultado de Exercício (DRE). As **atividades de investimento** demonstram quais são os efeitos das decisões tomadas em relação às aplicações financeiras permanentes na empresa. Já as **atividades de financiamento** são aquelas que refletem as atividades executadas para financiar as operações e os investimentos.

4.1 Decisões financeiras

Conforme verificamos anteriormente, todos os usuários das demonstrações financeiras baseiam suas decisões no que é informado para eles pela área financeira da empresa. Essas decisões, além de interessarem a seus usuários, são de suma importância para o administrador financeiro, pois é por meio do conhecimento das atividades executadas pela empresa que ele terá base para tomar suas decisões e também para estabelecer metas para alcançar o sucesso financeiro da organização.

Esses dois processos, o de tomada de decisões e o gerencial, devem ser vistos como se fossem um único, isto é, não podem ser analisados isoladamente, tornando-se parte importante um do outro. Dessa forma, as decisões financeiras, de forma direta ou indireta, são avaliadas fundamentalmente por meio dos resultados operacionais apresentados. Como consequência dos resultados operacionais, é possível que consigamos medir o desempenho econômico da empresa, o lucro operacional, as fontes de capital, entre outras questões financeiras relevantes.

Podemos afirmar, com uma pequena margem de erro, que as definições financeiras são a base de qualquer tipo de atividade empresarial. O estudo e a definição dessas decisões podem fornecer alguns dados significativos que, após serem processados, irão gerar informações que vão abrir um espaço para a interpretação e a utilização das informações financeiras para o gerenciamento da empresa.

Helfert (2004, p. 19) aponta três questões que devem guiar todo o processo decisório que é conduzido pelo administrador financeiro da organização:

1. o investimento de recursos;
2. a operação empresarial em que se usam esses recursos;
3. a combinação apropriada de financiamentos que gerem esses recursos.

Você percebeu que todas essas questões se relacionam diretamente umas com as outras, gerando um ciclo quase que contínuo na empresa? Isso ocorre por meio do relacionamento direto das três decisões empresariais básicas. Observe a Figura 4.1.

Figura 4.1 – Decisões empresariais básicas

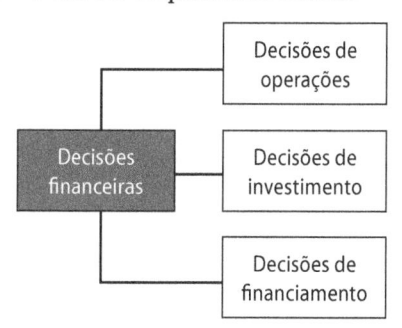

```
                    ┌── Decisões de operações
Decisões financeiras ├── Decisões de investimento
                    └── Decisões de financiamento
```

As três decisões básicas envolvem praticamente todas as atividades executadas em uma empresa industrial, com algumas adaptações para as empresas comerciais ou prestadoras de serviços, como fabricar, comercializar e financiar suas necessidades. Para a execução dessas atividades, que nos remeterão às decisões financeiras, a empresa deve utilizar as estruturas, sejam as organizacionais, sejam as legais, que envolvem todas as operações realizadas.

A dinâmica das decisões financeiras se associa diretamente com os objetivos de finanças e com as atividades-chave também, o que está representado na Figura 4.2.

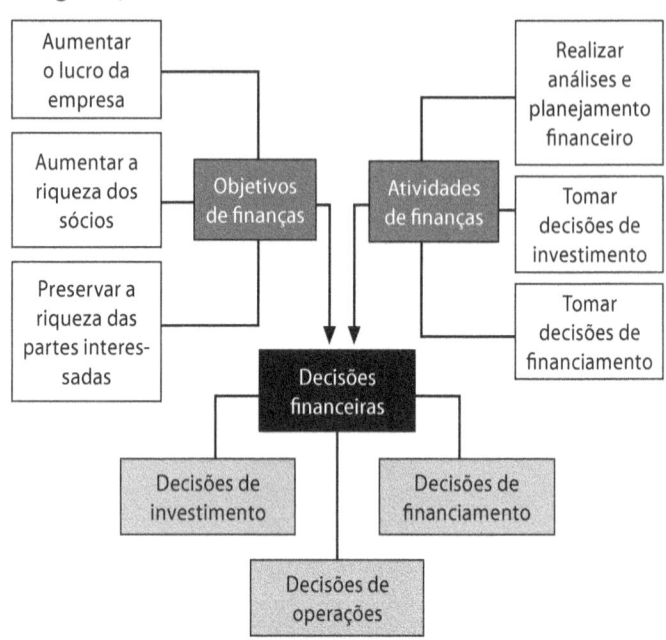

Figura 4.2 – Relacionamento das decisões financeiras

```
┌─────────────┐                                    ┌─────────────┐
│ Aumentar    │                                    │ Realizar    │
│ o lucro da  │─┐                                ┌─│ análises e  │
│ empresa     │ │                                │ │ planejamento│
└─────────────┘ │                                │ │ financeiro  │
                │                                │ └─────────────┘
┌─────────────┐ │  ┌───────────┐  ┌───────────┐  │ ┌─────────────┐
│ Aumentar a  │ │  │ Objetivos │  │ Atividades│  │ │ Tomar       │
│ riqueza dos │─┼──│ de finanças│  │ de finanças│─┼─│ decisões de │
│ sócios      │ │  └───────────┘  └───────────┘  │ │ investimento│
└─────────────┘ │         │            │         │ └─────────────┘
                │         │            │         │ ┌─────────────┐
┌─────────────┐ │         │            │         │ │ Tomar       │
│ Preservar a │ │         ▼            ▼         └─│ decisões de │
│ riqueza das │─┘    ┌──────────────┐              │ financiamento│
│ partes inte-│      │  Decisões    │              └─────────────┘
│ ressadas    │      │  financeiras │
└─────────────┘      └──────────────┘
                     ┌──────┼──────┐
              ┌──────────┐     ┌──────────┐
              │Decisões de│     │Decisões de│
              │investimento│    │financiamento│
              └──────────┘     └──────────┘
                     ┌──────────┐
                     │Decisões de│
                     │ operações │
                     └──────────┘
```

Percebemos claramente o relacionamento existente entre as decisões financeiras, os objetivos de finanças e as atividades executadas. Nesse relacionamento, o administrador financeiro sempre deve ter em mente o principal objetivo de finanças, que é o de aumentar o lucro da empresa.

Nessa perspectiva, Padoveze (2005a, p. 20) relaciona três áreas, consideradas básicas para o processo decisório:

1. selecionar, implementar e monitorar todos os **investimentos** mediante uma análise econômica competente e uma administração efetiva;

2. dirigir todas as **operações** do negócio de maneira rentável, mediante compensações adequadas e uso eficiente de todos os recursos alocados;

3. quando se usar **financiamento** externo, avaliar conscientemente os retornos esperados, comparando-os com os riscos a serem enfrentados.

Essas três áreas, quando intercaladas ao processo decisório financeiro, acabam proporcionando uma nova análise dos resultados da empresa: a **análise econômico-financeira**. Essa perspectiva econômica não analisa o resultado da empresa somente em um período, mas em um conjunto de períodos, com a expectativa de sucesso duradouro da empresa. Isso só é alcançado quando a organização consegue inter-relacionar as três grandes áreas de decisão. Observe a Figura 4.3.

Figura 4.3 – O contexto abrangente da análise econômico-financeira

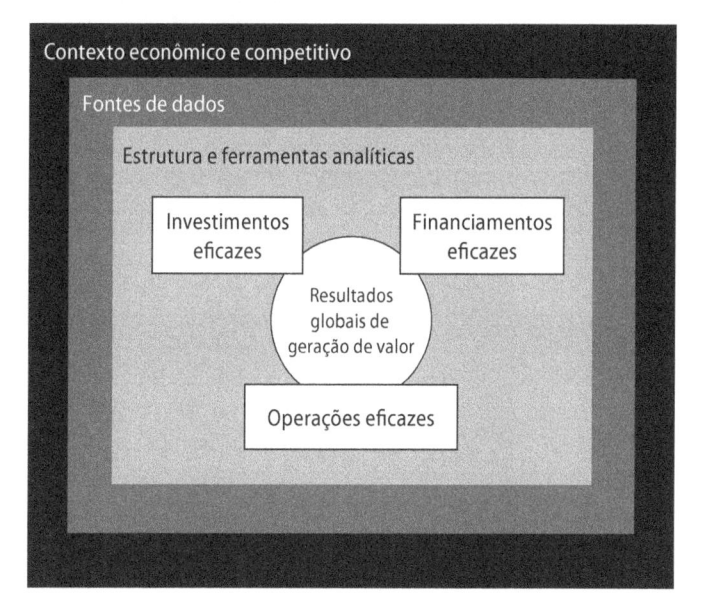

Contexto econômico e competitivo
Fontes de dados
Estrutura e ferramentas analíticas
Investimentos eficazes
Financiamentos eficazes
Resultados globais de geração de valor
Operações eficazes

FONTE: Adaptado de Helfert, 2004, p. 21.

O maior desafio da análise econômico-financeira está na estruturação conjunta dos dados das três atividades (de operações, de investimento e de financiamento), que servirão de base para o processo decisório, de acordo com a estruturação do sistema empresarial, que vemos na Figura 4.4.

Figura 4.4 – Sistema empresarial

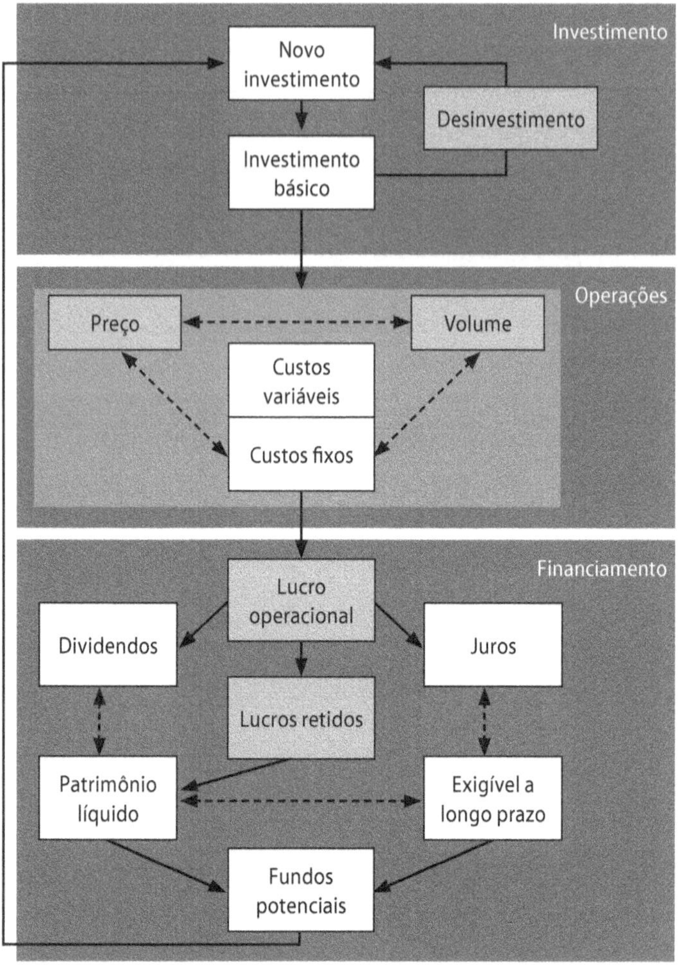

```
Investimento
    Novo investimento ← Desinvestimento
    Investimento básico

Operações
    Preço ↔ Volume
    Custos variáveis
    Custos fixos

Financiamento
    Lucro operacional
    Dividendos    Juros
    Lucros retidos
    Patrimônio líquido    Exigível a longo prazo
    Fundos potenciais
```

FONTE: Adaptado de Helfert, 2004, p. 22.

Podemos perceber claramente que a base do funcionamento do sistema empresarial, que servirá para o processo de análise econômico-financeira da empresa, são as três atividades. Desse modo, vamos analisar especificamente cada uma delas nas seções a seguir.

4.2 Classificação das decisões financeiras

Vimos anteriormente que o administrador financeiro da empresa deve basear todas as suas decisões em três grandes atividades, que se relacionam diretamente com as demonstrações financeiras. Além disso, a gestão e o planejamento dos recursos financeiros devem seguir uma estrutura lógica, que está toda pautada nas atividades a serem executadas pela administração e também nos objetivos que esta sempre deve perseguir no seu dia a dia. Assim, vamos examinar agora questões referentes às decisões de operações, de investimento e de financiamento.

4.2.1 Decisões de operações

As decisões operacionais executadas pelo administrador financeiro devem estar completamente alinhadas com a melhor utilização dos recursos financeiros investidos na empresa. Destacamos alguns exemplos: auxiliar na seleção do mercado-alvo em que a empresa irá atuar, fixar determinadas políticas de preços, buscar satisfazer as necessidades financeiras dos sócios e dos clientes, contribuir para a definição das competências financeiras básicas da empresa.

Além disso, todas as atividades operacionais devem ser executadas depois de terem o custo analisado individualmente, ou seja, é necessário verificar sempre qual será o impacto financeiro de cada decisão operacional, procurando-se manter o custo em um valor o mais baixo possível. Isso contribui para a melhor apuração dos resultados operacionais e, consequentemente, para a lucratividade e rentabilidade da empresa. Observe a Figura 4.5.

Figura 4.5 – Decisões de operações

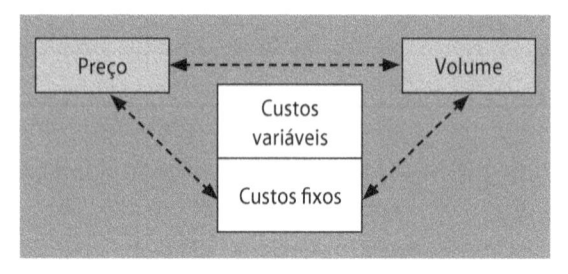

```
    Preço  <--------------->  Volume
        \      Custos        /
         \     variáveis    /
          \                /
           \  Custos fixos /
```

FONTE: Adaptado de Helfert, 2004, p. 22.

Os resultados operacionais dependem diretamente de se entender e se explorar a alavancagem da empresa, conforme explicamos anteriormente. Porém, para uma decisão de operações, a alavancagem mais importante a ser analisada não é a financeira, mas a operacional, que verifica qual é o efeito direto na rentabilidade da empresa dos custos fixos e dos custos variáveis que resultam da atividade principal executada pela empresa.

Para se analisar qual é o impacto das decisões operacionais no resultado da organização, são utilizados alguns índices, que iremos analisar com mais detalhes no Capítulo 5. Eles demonstram como estão sendo administrados os custos e as despesas operacionais da empresa em relação a cada decisão operacional tomada, assim como a receita e o lucro.

4.2.2 Decisões de investimento

As decisões de investimento são aquelas que se relacionam com os comprometimentos dos recursos necessários para que a empresa consiga obter algum tipo de retorno econômico ou financeiro, sempre pensando no futuro.

Sabemos perfeitamente que, para que qualquer tipo de empresa possa realizar um investimento, seja ele qual for, ela precisa de dinheiro em caixa e que, para que consiga realizar suas atividades operacionais, ela tem de tentar investir dinheiro em máquinas, equipamentos, instalações, entre outros. A empresa deve investir também determinada quantia em seu capital de giro, ou seja, nos seus ativos e passivos de curto prazo. Observe a Figura 4.6.

Figura 4.6 – Decisões de investimento

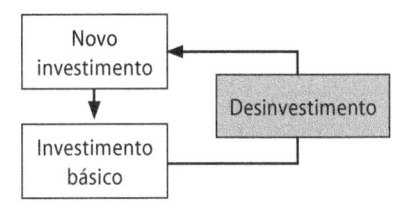

```
┌──────────────┐
│    Novo      │◄──────┐
│ investimento │       │
└──────┬───────┘  ┌────┴──────────┐
       │          │ Desinvestimento│
       ▼          └───────────────┘
┌──────────────┐
│ Investimento │
│    básico    │
└──────────────┘
```

Fonte: Adaptado de Helfert, 2004, p. 22.

Para que isso tudo aconteça, a empresa precisa ter capital suficiente, seja capital próprio (dinheiro dos sócios), seja capital de terceiros (dinheiro emprestado dos bancos, principalmente). Alguns questionamentos importantes devem ser feitos pelo administrador financeiro antes de começar a investir na empresa. Wernke (2008) relaciona várias questões que devem ser respondidas pelo administrador financeiro antes de optar por uma decisão de investimento na empresa. São elas:

- Atualmente, em que ativos a empresa investe?
- A proporção dos investimentos em ativos circulantes e em ativos fixos é adequada?
- O retorno dos investimentos efetuados atende às expectativas dos sócios?
- Existe possibilidade de melhorar a rentabilidade dos ativos atualmente mantidos?
- Os recursos destinados à minimização dos riscos do negócio são suficientes?
- O montante aplicado para assegurar a manutenção da vantagem competitiva é adequado?

- Há investimentos em ativos que podem ser eliminados ou reduzidos?
- Quais alternativas de investimento do mercado financeiro podem ser cogitadas?

O impacto das decisões de investimento também é analisado por meio da utilização de determinados índices, que verificaremos mais detalhadamente no Capítulo 5, quando estudarmos os índices e as taxas relacionados com o retorno das operações da empresa.

4.2.3 Decisões de financiamento

Após a definição dos ativos que serão investidos para a operação da empresa, o próximo passo é definir como isso tudo será financiado. São inúmeras as fontes de financiamento que estão disponíveis, e cabe diretamente ao administrador financeiro analisar qual será a melhor delas para as atividades da empresa. Dessa forma, as decisões de financiamento devem sempre ter como objetivo a redução do custo de capital, atendendo, assim, às principais atividades a serem executadas pelo administrador financeiro.

Normalmente, essas decisões são tomadas pela direção da empresa, dado valor total dessas operações, que podem viabilizar ou não o futuro da organização, principalmente no longo prazo. Observe a Figura 4.7.

Figura 4.7 – Decisões de financiamento

```
                    ┌─────────────┐
                    │    Lucro    │
     ┌──────────────│ operacional │──────────────┐
     │              └─────────────┘              │
     ▼                     │                     ▼
┌──────────┐               ▼                ┌──────┐
│Dividendos│         ┌────────────┐         │Juros │
└──────────┘         │Lucros retidos│       └──────┘
     ▲               └────────────┘              ▲
     │                 │      │                  │
┌──────────┐           ▼      ▼           ┌──────────┐
│Patrimônio│◀─────────────────────────────│Exigível a│
│ líquido  │──────────────────────────────│longo prazo│
└──────────┘                              └──────────┘
     │              ┌────────┐                 │
     └─────────────▶│ Fundos │◀────────────────┘
                    │potenciais│
                    └────────┘
```

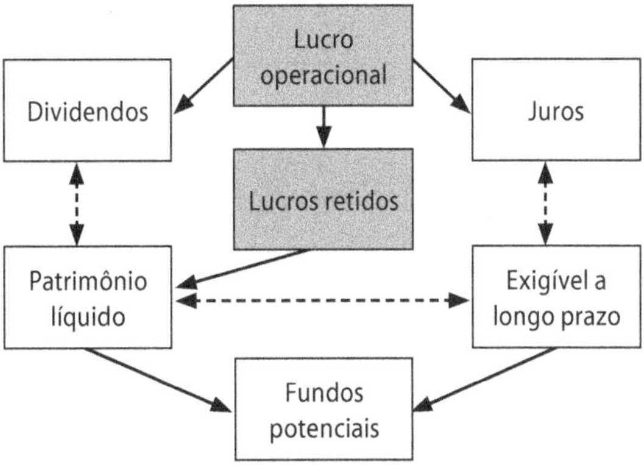

FONTE: Adaptado de Helfert, 2004, p. 22.

Ao captar recursos para financiar suas operações, a empresa tem de saber claramente qual é sua relação de passivos (capital próprio e capital de terceiros) e de Patrimônio Líquido. Além dessas questões, Wernke (2008) indica algumas outras:

- Atualmente, como é estruturado o capital da empresa?
- O perfil do endividamento é adequado?
- Qual é o custo de captação?
- Há possibilidades de redução desse custo?
- Existe sincronia entre as datas de pagamento das dívidas e o recebimento das vendas efetuadas?

Também verificaremos o impacto das decisões de financiamento na forma de índices e indicadores no Capítulo 5.

4.3 Processo decisório

O processo decisório de uma empresa se relaciona diretamente com a dinâmica das decisões financeiras, que são classificadas de acordo com três níveis, mostrados na Figura 4.8.

Figura 4.8 – Níveis do processo decisório

```
Operacional ──┐
              │
Tático ───────┼── Níveis do processo decisório
              │
Estratégico ──┘
```

As **decisões financeiras operacionais** são aquelas que impactam questões pontuais no curto prazo, além de envolverem pequenos volumes de movimentação financeira e serem tomadas pelos escalões mais baixos na hierarquia da empresa. Consideradas as principais decisões operacionais, temos aquelas realizadas na tesouraria, como o gerenciamento das contas a receber e a pagar.

Já as **decisões financeiras táticas** têm um maior impacto na empresa e se relacionam diretamente com a política financeira, orientando as ações do administrador financeiro, além de conduzirem à padronização das ações que serão tomadas nas mais diferentes áreas de atuação.

Por fim, existem as **decisões financeiras estratégicas**, que são as que refletem questões ligadas ao planejamento estratégico e que mantêm uma ligação com os objetivos desse tipo determinados pela direção da empresa. Apresentam um impacto muito profundo, com um grande volume de recursos financeiros envolvidos. As decisões estratégicas afetam diretamente as decisões táticas e operacionais.

O processo decisório está fundamentado em algumas condições prévias, que podem ser identificadas por meio de um simples "sim" como resposta a quatro questionamentos:

1. Existe uma diferença considerável entre a situação presente e os objetivos desejados pela empresa no processo decisório?
2. O tomador de decisão está ciente dessa diferença?
3. O tomador de decisão está motivado para resolver essa diferença identificada?
4. O tomador de decisão tem recursos para agir de forma a resolver a diferença?

O tomador de decisão deve avaliar essas pré-condições constantemente nas mais variadas situações em que elas ocorrem no planejamento financeiro da empresa. Porém, essas pré-condições são realizadas com base em três critérios inerentes: **certeza**, **risco** e **incerteza**. Decidir, dessa forma, é o processo de se escolher entre alternativas.

Síntese

Como decorrência direta da dinâmica das decisões financeiras, podemos concluir que todo esse processo se relaciona diretamente com as atividades executadas pelo administrador financeiro. Isso occorre quando ele levanta determinados índices e indicadores, como os que relacionam a liquidez e a solvência, além de realizar a verificação da flexibilidade financeira apresentada pela empresa.

Não devemos nos esquecer ainda de que, ao longo do processo decisório, a experiência do administrador financeiro conta muito. Mas somente a experiência do tomador de decisão não garantirá que deixem de acontecer alguns imprevistos financeiros. Quando estes ocorrem, é preciso encontrar alguns caminhos alternativos para que se possa ter certeza maior da decisão a ser tomada, diminuindo-se, assim, o risco e a incerteza e identificando-se as alternativas e as consequências futuras.

Exercícios resolvidos

1. São três os tipos de decisões tomados no processo decisório de uma empresa:

    I. Decisões de operações
    II. Decisões de investimento
    III. Decisões de financiamento

    Identifique cada uma das decisões a seguir, de acordo com sua classificação:

    ( ) Aumento direto dos estoques de produtos acabados da empresa, em virtude de um aumento significativo da produção.
    ( ) Redução de gastos relacionados diretamente com uma economia a ser gerada no curto prazo.
    ( ) Aumento do perfil de endividamento da empresa, em virtude da necessidade de se comprar uma máquina nova.
    ( ) Pagamento de juros mensais, seja na remuneração do capital próprio, seja na remuneração do capital de terceiros.
    ( ) Diminuição do total das contas a pagar, em virtude de uma melhor negociação direta com os fornecedores.
    ( ) Aumento do capital social da empresa, pela aplicação de mais recursos financeiros por parte dos sócios.

    Resolução:
    A sequência correta é I, II, III, III, I, II.

Questões para revisão

1. (Adaptada de CFC/Exame de Suficiência – 2014) De acordo com as Normas Brasileiras de Contabilidade, relacione o tipo de atividades adotadas por uma determinada prefeitura,

com as respectivas operações e, em seguida, assinale a CORRETA.

(1) Fluxo de Caixa das Operações
(2) Fluxo de Caixa dos Financiamentos
(3) Fluxo de Caixa dos Investimentos

( ) Compreende os recursos relacionados à captação e à amortização de empréstimos e financiamentos.

( ) Compreende os recursos relacionados à aquisição e à alienação de ativo não circulante, bem como os recebimentos em dinheiro por liquidação de adiantamentos ou amortização de empréstimos concedidos e outras operações da mesma natureza.

( ) Compreende os ingressos, inclusive decorrentes de receitas originárias e derivadas, e os desembolsos relacionados com a ação pública e os demais fluxos que não se qualificam como de investimento ou financiamento.

A sequência CORRETA é:

a) 2, 1, 3.
b) 2, 3, 1.
c) 3, 1, 2.
d) 3, 2, 1.

2. Todos os usuários das demonstrações financeiras baseiam suas decisões no que é informado para eles pela área financeira da empresa. Assim, qual das alternativas a seguir se relaciona diretamente com esse processo de tomada de decisão?

a) É por meio do conhecimento das atividades executadas pela empresa que ele terá base para tomar suas decisões e também para estabelecer metas para alcançar o sucesso financeiro da organização.

b) O processo de tomada de decisão e o processo gerencial devem ser analisados separadamente, pois cada um tem um objetivo totalmente diferente do outro.

c) As decisões financeiras são avaliadas fundamentalmente por meio dos resultados financeiros finais.

d) Como consequência dos resultados financeiros, é possível medir o desempenho econômico da empresa.

e) As definições financeiras dificilmente servem de base para qualquer tipo de atividade empresarial.

3. Das atividades listadas a seguir, quais delas são consideradas como atividades de finanças?

a) Aumentar a riqueza dos sócios; preservar a riqueza das partes interessadas.

b) Decisões de investimento; decisões de financiamento.

c) Tomar decisões de investimento; realizar análises e planejamento financeiro.

d) Aumentar o lucro da empresa; tomar decisões de financiamento.

e) Decisões de operações; decisões de financiamento.

4. Quais são as principais diferenças entre as decisões financeiras operacionais, táticas e estratégicas?

5. Com o que se relacionam especificamente as decisões de investimento em uma empresa?

Saiba mais

Conheça a Resolução CFC n. 1.255/2009, que detalha vários aspectos relevantes para a contabilidade das pequenas e médias empresas. Dê uma atenção especial para a Seção 7, pois são apresentados alguns detalhes relevantes acerca das três principais atividades que vimos neste capítulo.

CFC – Conselho Federal de Contabilidade. Resolução n. 1.255, de 10 de dezembro de 2009. **Diário Oficial da União**, Brasília, DF, 17 dez. 2009. Disponível em: <www.cfc.org.br/sisweb/sre/docs/RES_1255.doc>. Acesso em: 17 nov. 2015.

Perguntas & respostas

1. Diferencie as atividades de operações, de investimento e de financiamento.

Resposta: As atividades de operações se relacionam diretamente com as contas do resultado da empresa, que são expressas na Demonstração do Resultado do Exercício (DRE). As atividades de investimento demonstram quais são os efeitos das decisões tomadas em relação às aplicações financeiras permanentes na organização. Já as atividades de financiamento são aquelas que refletem as atividades executadas para financiar as operações e os investimentos.

Planejamento e análise financeira

5

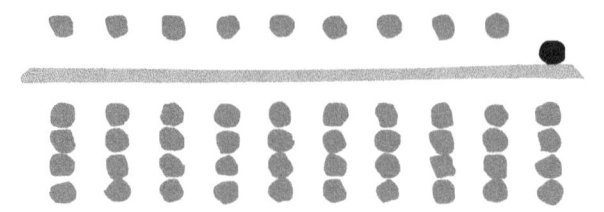

Conteúdos do capítulo:

- Procedimentos preliminares para a execução do planejamento e da análise financeira.
- Utilização de índices e indicadores para medir o desempenho da empresa.
- Interpretação e aplicação dos resultados obtidos com a análise financeira.

Após o estudo deste capítulo, você será capaz de:

1. entender alguns dos procedimentos preliminares para a execução do planejamento e da análise financeira de uma empresa;
2. compreender como se utilizam os vários tipos de índices e indicadores financeiros e como se faz para calcular cada um deles;
3. diferenciar a análise tradicional da análise dinâmica, duas maneiras diferentes de se verificar o resultado financeiro de uma empresa.

$\mathcal{O}$ planejamento e a análise financeira em geral são vistos apenas como uma simples interpretação das demonstrações financeiras, sendo uma atividade chamada tradicionalmente de *análise de balanços*. Essa análise tem como fonte de dados o Balança Patrimonial (BP) e a Demonstração do Resultado do Exercício (DRE), mas as outras demonstrações contábeis também auxiliam no planejamento financeiro.

Você lembra que, no início do Capítulo 1, definimos *finanças* e que duas palavras se destacam nessa definição? Isso mesmo, aqui temos uma aplicação clara da arte e da ciência utilizadas em finanças. O planejamento e, principalmente, a análise financeira são considerados uma arte, pois, apesar de utilizarem fórmulas matemáticas específicas e métodos científicos para a extração das informações que serão a base para o processo decisório, cada pessoa que for analisar os relatórios apresentados poderá apresentar vários diagnósticos diferentes a partir de uma mesma fonte de informações. O que vai levá-las a uma conclusão é a sua experiência na área financeira. Esta é a arte e a ciência funcionando nas finanças!

Entretanto, com experiência ou não, com conhecimento técnico ou não, o administrador financeiro, antes de iniciar o planejamento e a análise financeira das demonstrações da empresa, deve se ater a alguns procedimentos preliminares, que serão muito importantes para o desenvolvimento das análises e para a interpretação dos resultados.

5.1 Procedimentos preliminares

Antes do início do planejamento e da análise das demonstrações financeiras, existem vários procedimentos que devem ser aplicados e que têm o objetivo principal de propiciar melhor entendimento dos métodos a serem utilizados, além de tentar evitar algumas distorções significativas nas análises.

Um dos primeiros procedimentos que devem ser feitos é a **reclassificação das demonstrações financeiras** que serão utilizadas, o BP e a DRE. No BP existem algumas contas que geralmente precisam ser analisadas com uma visão diferente, pois são consideradas como *contas retificadoras*, como as **Duplicatas Descontadas**. Estas, apesar de aparecerem no Ativo Circulante, na realidade são consideradas como *empréstimos* quando analisadas com um olhar financeiro. Na DRE as despesas e as receitas financeiras devem ser analisadas separadamente em relação ao grupo das despesas operacionais, pois são consequência da operação da empresa.

5.1.1 Razões para se avaliarem as demonstrações financeiras

A razão principal para se avaliarem as demonstrações financeiras é o fato de que geralmente não temos e não podemos esperar obter, de uma maneira razoável, mais informações do mercado de atuação da empresa. Sempre que possível, devemos utilizar essas informações de mercado para que possamos compará-las depois com os dados financeiros da empresa, pois essa comparação nos proporciona um melhor entendimento, além de uma base mais completa para a execução do planejamento. Essas análises podem nos auxiliar em três perspectivas diferentes, conforme demonstra a Figura 5.1.

Figura 5.1 – Contribuição das análises financeiras

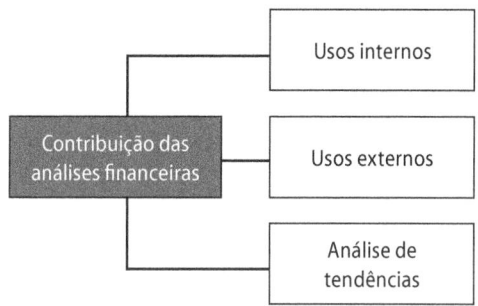

```
                          ┌──────────────────┐
                          │  Usos internos   │
                          └──────────────────┘
┌─────────────────────┐   ┌──────────────────┐
│  Contribuição das   │───│  Usos externos   │
│ análises financeiras│   └──────────────────┘
└─────────────────────┘   ┌──────────────────┐
                          │    Análise de    │
                          │    tendências    │
                          └──────────────────┘
```

A contribuição relativa a **usos internos** se refere primordialmente às informações extraídas das demonstrações financeiras, que podem ser utilizadas de diversas maneiras dentro da empresa. Por exemplo, podem ser empregados para se fazer uma comparação de desempenho das várias áreas ou departamentos, utilizando-se as informações geradas pela análise das demonstrações financeiras para verificar o desempenho financeiro de cada uma dessas áreas em relação ao resultado geral da empresa.

Já a contribuição relativa a **usos externos** é útil para as partes interessadas externas da empresa, como credores, bancos, governo e futuros investidores potenciais. Essas análises servem, ainda, para que seja feita uma avaliação mais profunda dos fornecedores, podendo estender-se para os principais clientes da empresa.

Por fim, a **análise de tendências** pode ser vista como uma análise histórica da empresa, com uma perspectiva de se projetar o futuro por meio do planejamento financeiro. Outra questão em relação à análise de tendências é a de se procurar estabelecer um determinado padrão que possibilitará a comparação e a identificação de algumas empresas semelhantes, no sentido de analisar a competição no mercado.

5.1.2 Razões para se avaliarem os índices financeiros

Basicamente, existem três tipos de avaliação de um índice, de acordo com Blatt (2001) e Bruni (2010), condicionados às razões identificadas na Figura 5.2.

Figura 5.2 – Razões para se avaliarem os índices financeiros

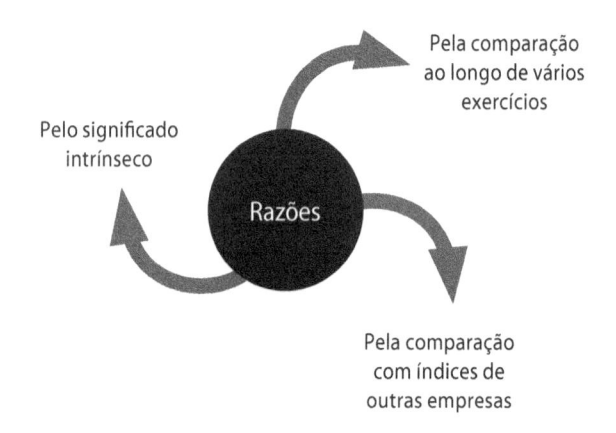

- Pela comparação ao longo de vários exercícios
- Pelo significado intrínseco
- Pela comparação com índices de outras empresas

Razões

A **avaliação intrínseca** qualifica a situação financeira da empresa de acordo com os índices gerados, que serão analisados e comparados. Já a **comparação dos índices de vários exercícios** é realizada como se fosse uma análise no tempo, por meio da qual se comparam os resultados do período atual com os de períodos anteriores. Por fim, a **comparação com outras empresas** permite a comparação com índices de outras empresas, sempre da mesma área de atuação, de acordo com uma forma diferenciada de qualificação.

5.2 Processo de avaliação de índices e indicadores

Os índices, primeiramente, devem ser avaliados de forma individual, para somente depois ser feita uma avaliação conjunta, que é a avaliação que realmente importa. Aqui iremos avaliar a empresa como um todo, além de termos padrões para determinar como é que está a administração financeira da corporação. Para que essa análise seja mais completa, conforme Gitman (2010, p. 50), é necessário seguir alguns passos, a saber:

1. **Descoberta dos indicadores**: É preciso determinar quais serão os indicadores financeiros que serão utilizados para a análise.

2. **Definição do comportamento do indicador**: Existem três possibilidades: (1) quanto maior, melhor; (2) quanto menor, melhor; e (3) ponto ótimo em torno de um parâmetro.

3. **Tabulação de padrões**: É a construção de tabelas baseadas em elementos do mesmo conjunto – no caso presente, índices de empresas do mesmo ramo, de maneira que permita a comparação dos índices de uma empresa com os das demais empresas.

4. **Escolha dos melhores indicadores e dos respectivos pesos**: É a escolha dos mais variados índices, por meio de pesquisas internas e externas.

Para melhor entendimento do processo de avaliação, os índices e os indicadores são separados em grupos, de acordo com sua análise específica.

5.2.1 Análise baseada em índices financeiros

Os dados fornecidos diretamente pelas demonstrações financeiras, por si sós, não conseguem gerar as informações necessárias para que seja realizada uma análise mais aprofundada da situação financeira da empresa nem indicam os pontos fracos que devem ser alterados para que a empresa tenha um desempenho melhor no futuro.

Para que essa análise seja realizada de uma forma mais completa, atendendo ao processo de avaliação, foram desenvolvidos vários índices baseados nas demonstrações financeiras, indicando uma relação direta entre contas ou grupos de contas das demonstrações. Os **índices financeiros** nada mais são do que algumas formas específicas de comparação e de investigação das diferentes relações existentes nas demonstrações financeiras de uma empresa.

A análise baseada em índices fornece uma visão mais ampliada da situação econômico-financeira da empresa. Para atender aos seus objetivos, essa análise é dividida em grupos, como:

- de solvência a curto prazo ou de liquidez;
- de solvência a longo prazo ou de endividamento;
- de estrutura de capital;
- de administração de ativo ou giro;
- de lucratividade ou de rentabilidade;
- de atividade ou de giro das contas operacionais.

Antes de tratarmos desses índices, vamos verificar como é realizada uma outra análise, que não pode ser considerada na forma de índice, mas fornece alguns dados interessantes das demonstrações financeiras: as análises vertical e horizontal.

5.2.2 Análises vertical e horizontal

As análises vertical e horizontal são utilizadas somente para que seja possível ter uma visão percentual da participação de todas as contas das duas principais demonstrações financeiras utilizadas para o planejamento e a análise financeira: o BP e a DRE.

A **análise vertical** mede a participação percentual de cada um dos elementos dos demonstrativos, sendo verificada sempre de acordo com uma conta específica, que será considerada como a base vertical. Conforme Padoveze (2005b, p. 216), "assume-se como 100% um determinado elemento patrimonial que, em princípio, deve ser o mais importante, e faz-se uma relação percentual de todos os demais elementos sobre ele". Em relação a esse elemento patrimonial considerado como 100% na análise vertical, convencionou-se que no BP os 100% são representados pelo total do Ativo e pelo total do Passivo. Já na DRE, os 100% são representados pela Receita Operacional Líquida.

> Vejamos agora um exemplo. Tendo como base duas novas demonstrações financeiras, o total do Ativo e o total do Passivo do BP, temos a representação da análise vertical, dos anos 1 e 2, conforme consta na Tabela 5.1.

Tabela 5.1 – Análise vertical do Balanço Patrimonial

BALANÇO PATRIMONIAL

ATIVO	ANO 1	AV	ANO 2	AV	PASSIVO	ANO 1	AV	ANO 2	AV
ATIVO CIRCULANTE	R$ 1.960.480	71,9%	R$ 2.269.171	57,0%	**PASSIVO CIRCULANTE**	R$ 1.340.957	49,2%	R$ 1.406.077	35,3%
Caixa	R$ 6.240	0,2%	R$ 5.525	0,1%	Duplicatas a Pagar	R$ 708.536	26,0%	R$ 639.065	16,0%
Bancos	R$ 28.425	1,0%	R$ 20.784	0,5%	Tributos a Recolher	R$ 79.924	2,9%	R$ 108.318	2,7%
Aplicações Financeiras	R$ 128.969	4,7%	R$ 80.995	2,0%	Salários a Pagar	R$ 122.937	4,5%	R$ 166.613	4,2%
Clientes a Receber	R$ 1.045.640	38,4%	R$ 1.122.512	28,2%	Encargos Sociais	R$ 87.772	3,2%	R$ 118.954	3,0%
Estoques	R$ 751.206	27,6%	R$ 1.039.435	26,1%	Empréstimos	R$ 66.165	2,4%	R$ 83.429	2,1%
ATIVO NÃO CIRCULANTE	R$ 765.698	28,1%	R$ 1.714.879	43,0%	Outras Obrigações a Pagar	R$ 275.623	10,1%	R$ 289.698	7,3%
Ativo Realizável a Longo Prazo	R$ –	0,0%	R$ –	0,0%	**PASSIVO NÃO CIRCULANTE**	R$ 314.360	11,5%	R$ 1.170.788	29,4%
Clientes a Receber	R$ –	0,0%	R$ –	0,0%	Empréstimos	R$ 314.360	11,5%	R$ 792.716	19,9%
Investimentos	R$ 72.250	2,7%	R$ 156.475	3,9%	Financiamentos	R$ –	0,0%	R$ 378.072	9,5%

(continua)

(Tabela 5.1 – conclusão)

BALANÇO PATRIMONIAL

ATIVO	ANO 1	AV	ANO 2	AV	PASSIVO	ANO 1	AV	ANO 2	AV
Participações	R$ 72.250	2,7%	R$ 156.475	3,9%	Outras Obrigações a Pagar	R$ –	0,0%	R$ –	0,0%
Imobilizado	**R$ 693.448**	**25,4%**	**R$ 1.517.508**	**38,1%**	**PATRIMÔNIO LÍQUIDO**	**R$ 1.070.861**	**39,3%**	**R$ 1.407.185**	**35,3%**
Máquinas e Equipamentos	R$ 844.064	31,0%	R$ 1.851.356	46,5%	Capital Social	R$ 657.083	24,1%	R$ 1.194.157	30,0%
(–) Depreciação Acumulada	R$ 150.616	–5,5%	R$ 333.848	–8,4%	Reservas de Capital	R$ –	0,0%	R$ –	0,0%
Intangível	**R$ –**	**0,0%**	**R$ 40.896**	**1,0%**	Reservas de Lucros	R$ 413.778	15,2%	R$ 213.028	5,3%
Marcas e Patentes	R$ –	0,0%	R$ 40.896	1,0%	Prejuízos Acumulados	R$ –	0,0%	R$ –	0,0%
TOTAL DO ATIVO	**R$ 2.726.178**	**100%**	**R$ 3.984.050**	**100,0%**	**TOTAL DO PASSIVO**	**R$ 2.726.178**	**100,0%**	**R$ 3.984.050**	**100,0%**

Podemos perceber na análise vertical do ano 1 que o total do Ativo representa 100% das contas patrimoniais, que o Ativo Circulante representa 71,9% desse total e que o Ativo Não Circulante representa somente 28,1%. Isso indica que a empresa tem uma concentração maior dos seus ativos representados no Circulante.

Agora, analisando a DRE, que tem como base a Receita Operacional Líquida, temos a representação da análise vertical, dos anos 1 e 2, conforme consta na Tabela 5.2.

Tabela 5.2 – Análise vertical da Demonstração do Resultado do Exercício

DEMONSTRAÇÃO DO RESULTADO DO EXERCÍCIO				
	ANO 1	AV	ANO 2	AV
Receita Operacional Bruta	R$ 5.619.936	117,2%	R$ 5.189.327	117,2%
(–)Deduções da Receita	–R$ 826.813	–17,2%	–R$ 763.461	–17,2%
Receita Operacional Líquida	R$ 4.793.123	100,0%	R$ 4.425.866	100,0%
(–) Custo dos Produtos Vendidos	–R$ 3.621.530	–75,6%	–R$ 3.273.530	–74,0%
Lucro Bruto	R$ 1.171.593	24,4%	R$ 1.152.336	26,0%
(–)Despesas Operacionais	–R$ 487.599	–10,2%	–R$ 409.644	–9,3%
Lucro Antes dos Juros e Imposto de Renda	R$ 683.994	14,3%	R$ 742.692	16,8%

(continua)

(Tabela 5.2 – conclusão)

DEMONSTRAÇÃO DO RESULTADO DO EXERCÍCIO				
	ANO 1	AV	ANO 2	AV
Receitas Financeiras	R$ 11.918	0,2%	R$ 7.562	0,2%
(–) Despesas Financeiras	–R$ 284.308	–5,9%	R$ 442.816	–10,0%
Lucro Antes do Impostos de Renda	R$ 411.604	8,6%	R$ 307.438	6,9%
Resultado do Exercício após o Imposto de Renda	R$ 223.741	4,7%	R$ 167.116	3,8%

Percebemos na análise vertical do ano 1 que o Resultado do Exercício após o Imposto de Renda representou 4,7% da Receita Operacional Líquida e que no ano 2 esse percentual caiu para 3,8%. Outra questão relevante da análise vertical está na variação das despesas operacionais, pois no ano 1 representou 10,2% e no ano 2 diminuiu para 9,3%.

Já a **análise horizontal** indica qual foi a variação, positiva ou negativa, de todas as contas das demonstrações financeiras. Como explica Padoveze (2005b, p. 216), "toma-se como 100% todas as contas de um determinado período e faz-se uma relação percentual em cima dos dados desse período". Ou seja, a base da análise horizontal é sempre o primeiro ano da demonstração analisada, indicando se a variação de um período para o outro foi maior ou menor do que a do período anterior.

Considerando ainda o mesmo exemplo, mas agora tendo como base toda a movimentação do ano 1 do BP, temos na Tabela 5.3 a representação da análise horizontal do ano 2.

Tabela 5.3 – Análise horizontal do Balanço Patrimonial

BALANÇO PATRIMONIAL

ATIVO	ANO 1	ANO 2	AH	PASSIVO	ANO 1	ANO 2	AH
ATIVO CIRCULANTE	**R$ 1.960.480**	**R$ 2.269.171**	**15,7%**	**PASSIVO CIRCULANTE**	**R$ 1.340.957**	**R$ 1.406.077**	**4,9%**
Caixa	R$ 6.240	R$ 5.525	–11,5%	Duplicatas a Pagar	R$ 708.536	R$ 639.065	–9,8%
Bancos	R$ 28.425	R$ 20.784	–26,9%	Tributos a Recolher	R$ 79.924	R$ 108.318	35,5%
Aplicações Financeiras	R$ 128.969	R$ 80.915	–37,3%	Salários a Pagar	R$ 122.937	R$ 166.613	35,5%
Clientes a Receber	R$ 1.045.640	R$ 1.122.512	7,4%	Encargos Sociais	R$ 87.772	R$ 118.954	35,5%
Estoques	R$ 751.206	R$ 1.039.435	38,4%	Empréstimos	R$ 66.165	R$ 83.429	26,1%
ATIVO NÃO CIRCULANTE	**R$ 765.698**	**R$ 1.714.879**	**124,0%**	Outras Obrigações a Pagar	R$ 275.623	R$ 289.698	5,1%
Ativo Realizável a Longo Prazo	R$ –	R$ –	–	**PASSIVO NÃO CIRCULANTE**	**R$ 314.360**	**R$ 1.170.788**	**272,4%**

(continua)

(Tabela 5.3 – conclusão)

BALANÇO PATRIMONIAL

ATIVO	ANO 1	ANO 2	AH	PASSIVO	ANO 1	ANO 2	AH
Clientes a Receber	R$ –	R$ –	–	Empréstimos	R$ 314.360	R$ 792.716	152,2%
Investimentos	**R$ 72.250**	**R$ 156.475**	**116,6%**	Financiamentos	R$ –	R$ 378.072	–
Participações	R$ 72.250	R$ 156.475	116,6%	Outras Obrigações a Pagar	R$ –	R$ –	–
Imobilizado	**R$ 693.448**	**R$ 1.517.508**	**118,8%**	**PATRIMÔNIO LÍQUIDO**	**R$ 1.070.861**	**R$ 1.407.185**	**31,4%**
Máquinas e Equipamentos	R$ 844.064	R$ 1.851.356	119,3%	Capital Social	R$ 657.083	R$ 1.194.157	81,7%
(–) Depreciação Acumulada	R$ 150.616	R$ 333.848	121,7%	Reservas de Capital	R$ –	R$ –	–
Intangível	**R$ –**	**R$ 40.896**	–	Reservas de Lucros	R$ 413.778	R$ 213.028	–48,5%
Marcas e Patentes	R$ –	R$ 40.896		Prejuízos Acumulados	R$ –	R$ –	–
TOTAL DO ATIVO	**R$ 2.726.178**	**R$ 3.984.050**	**46,1%**	**TOTAL DO PASSIVO**	**R$ 2.726.178**	**R$ 3.984.050**	**46,1%**

Podemos perceber na análise horizontal do ano 1 para o ano 2 que o total do Ativo aumentou em 46,1%, principalmente motivado pelo aumento de algumas contas, como Participações (116,6%) e Máquinas e Equipamentos (119,3%).

Agora, analisando a DRE, na representação da análise horizontal do ano 1 para o ano 2, temos o que consta na Tabela 5.4.

Tabela 5.4 – Análise horizontal da Demonstração do Resultado do Exercício

DEMONSTRAÇÃO DO RESULTADO DO EXERCÍCIO			
	ANO 1	ANO 2	AH
Receita Operacional Bruta	R$ 5.619.936	R$ 5.189.327	-7,7%
(–) Deduções da Receita	-R$ 826.813	-R$ 763.461	-7,7%
Receita Operacional Líquida	R$ 4.793.123	R$ 4.425.866	-7,7%
(–) Custo dos Produtos Vendidos	-R$ 3.621.530	-R$ 3.273.530	-9,6%
Lucro Bruto	R$ 1.171.593	R$ 1.152.336	-1,6%
(–) Despesas Operacionais	-R$ 487.599	-R$ 409.644	-16,0%
Lucro Antes dos Juros e Imposto de Renda	R$ 683.994	R$ 742.692	8,6%
Receitas Financeiras	R$ 11.918	R$ 7.562	-36,5%
(–) Despesas Financeiras	-R$ 284.308	R$ 442.816	55,8%
Lucro Antes do Impostos de Renda	R$ 411.604	R$ 307.438	-25,3%
(–) Provisão para IRPJ e CSLL	-R$ 187.863	-R$ 140.322	-25,3%
Resultado do Exercício após o Imposto de Renda	R$ 223.741	R$ 167.116	-25,3%

Percebemos que, do ano 1 para o ano 2, o Resultado do Exercício diminuiu 25,3%, apesar de a Receita Operacional Líquida ter diminuído somente 7,7% e as Despesas Operacionais, 16%.

Notamos que, pelas análises vertical e horizontal, podemos extrair algumas informações comparativas interessantes, que demonstram aumento ou redução das contas patrimoniais.

Tendo feito esse estudo, agora estamos preparados para iniciarmos a análise dos índices.

5.3 Índices de solvência a curto prazo ou de liquidez

Os índices de solvência a curto prazo ou de liquidez fornecem algumas informações acerca da liquidez da empresa, analisando basicamente as movimentações de curto prazo, ou seja, o Ativo e o Passivo Circulante. Os índices de liquidez são utilizados para que se possa avaliar a capacidade de pagamento da empresa, constituindo uma apreciação da capacidade que a empresa tem para saldar seus compromissos com terceiros. Esses índices são considerados muito importantes para os credores de curto prazo da empresa, como as instituições financeiras.

Os índices de liquidez são avaliados pelo critério de **"quanto maior, melhor"**, mas precisamos ter cuidado quanto a sua interpretação, pois eles não medem a real capacidade de pagamento da empresa, e sim demonstram o chamado *grau de solvência*, caso a empresa encerre suas atividades na data final da análise.

Quadro 5.1 – Índices de solvência de curto prazo ou de liquidez

Índice	Fórmula	Parâmetros de interpretação	Parâmetros de análise
Liquidez geral	LG = (AC + ANC) / (PC + PNC)	Indica a proporcionalidade existente entre todos os bens e direitos da empresa em relação às dívidas totais, indicando uma folga na capacidade de solvência global.	Quanto maior, melhor; tem de ser maior do que 1.

(continua)

(Quadro 5.1 – conclusão)

Índice	Fórmula	Parâmetros de interpretação	Parâmetros de análise
Liquidez corrente	LC = AC / PC	Indica a relação existente do ativo circulante e do passivo circulante, verificando a capacidade de pagamento da empresa.	Quanto maior, melhor; tem de ser maior do que 1, sendo 1,50 considerado normal.
Liquidez seca	LS = (AC – Estoques) / PC	Indica a relação existente do ativo circulante, verificando a capacidade de pagamento da empresa, desconsiderando seus estoques.	Quanto maior, melhor; porém, não pode ser muito maior do que 1.
Liquidez imediata	LI = Disponibilidade / PC	Indica a capacidade de pagamento da empresa, levando em consideração todo o passivo circulante e somente o valor disponível no caixa.	Quanto maior, melhor.

Vamos ver como ficaram os índices de liquidez da empresa que estamos analisando até aqui.

Tendo como base somente o BP, chegamos aos índices de liquidez da empresa, nos ano 1 e 2, mostrados na Tabela 5.5.

Tabela 5.5 – Índices de solvência de curto prazo ou de liquidez

Índice	Fórmula		Ano 1	Ano 2	Interpretação
Liquidez geral	LG = (AC + ANC) / (PC + PNC)		1,65	1,55	A empresa consegue pagar todas as suas dívidas e sobram R$ 0,65 no ano 1 e R$ 0,55 no ano 2, para que possam ser realizados outros investimentos na operação. Isso representa uma boa capacidade de pagamento.
		Ativo Circulante	R$ 1.960.480	R$ 2.269.671	
		Ativo Não Circulante	R$ 765.698	R$ 1.714.879	
		Passivo Circulante	R$ 1.340.957	R$ 1.406.077	
		Passivo Não Circulante	R$ 314.360	R$ 1.170.788	

(continua)

(Tabela 5.5 – conclusão)

Índice	Fórmula	Ano 1	Ano 2	Interpretação
Liquidez corrente	LC = AC / PC	1,46	1,61	Similar à interpretação da liquidez geral. Quanto maior for a liquidez corrente, melhor será a capacidade de pagamento de curto prazo da empresa.
	Ativo Circulante	R$ 1.960.480	R$ 2.269.171	
	Passivo Circulante	R$ 1.340.957	R$ 1.406.077	
Liquidez seca	LS (AC – Estoques) / PC	0,90	0,87	Se a empresa parar de vender os seus produtos ao final de cada ano, ela não conseguirá pagar todas as suas dívidas, pois faltariam R$ 0,10 no ano 1 e R$ 0,13 no ano 2.
	Ativo Circulante	R$ 1.960.480	R$ 2.269.171	
	Estoques	R$ 751.206	R$ 1.039.435	
	Passivo Circulante	R$ 1.340.957	R$ 1.406.077	
Liquidez imediata	LI = Disponibilidade / PC	0,12	0,08	A empresa tem somente R$ 0,12 de dinheiro disponível no ano 1 e R$ 0,08 no ano 2, para poder pagar todas as dívidas de curto prazo
	Disponibilidade	R$ 163,634	R$ 107.224	
	Passivo Circulante	R$ 1.340.957	R$ 1.406.077	

Os índices de liquidez da empresa representam, dessa forma, a capacidade de pagamento da empresa em suas diversas formas de análise e interpretação.

Resumindo a análise dos índices de liquidez, podemos concluir perfeitamente que a empresa apresenta uma capacidade de pagamento das suas dívidas satisfatória, pois ela consegue arcar com todas elas e ainda sobram recursos financeiros para investir na operação. Essa relação acontece principalmente quando olhamos os resultados da liquidez geral e da liquidez corrente, apesar de a empresa apresentar uma pequena dependência dos estoques na liquidez seca.

5.4 Índices de solvência a longo prazo ou de endividamento

É por meio dos índices de solvência a longo prazo ou de endividamento que é possível analisar o nível de endividamento da empresa. Esses índices são avaliados pelo critério de **"quanto maior, mais cautela"** que a corporação deve ter em relação às suas dívidas com terceiros, pois esses índices informam se a empresa está utilizando muitos recursos de terceiros na sua operação. Os principais índices que podemos analisar nesse sentido são os expostos no Quadro 5.2.

Quadro 5.2 – Índices de solvência de longo prazo ou de endividamento

Índice	Fórmula	Parâmetros de interpretação	Parâmetros de análise
Endividamento geral	EG = ((AT–PL) / AT) · 100	Indica a solvência da empresa em todos os prazos ou a cobertura de dívida com todos os credores.	Quanto menor, melhor.
Endividamento financeiro	EF = (Empr + Financ / AT) · 100	Indica quanto representam os empréstimos e os financiamentos em relação ao total do ativo.	Quanto menor, melhor.
Endividamento de curto prazo	ECP = (Ex. curto prazo / AT) · 100	Indica quanto representam as dívidas de curto prazo da empresa em relação ao ativo total.	Quanto menor, melhor.
Endividamento de longo prazo	ELP = (Ex. longo prazo / AT) · 100	Indica quanto representam as dívidas de longo prazo da empresa em relação ao ativo total.	Quanto menor, melhor.
Cobertura de juros	CJ = Lajir / Juros	Indica como a empresa consegue cobrir suas obrigações de pagamento de juros.	Quanto maior, melhor.

De modo geral, as empresas recorrem ao endividamento por duas vias: (1) para complementar o capital próprio, com a intenção de aplicar recursos financeiros dos sócios diretamente na operação da empresa; (2) para poder pagar as dívidas que estão vencendo, pois não conseguem gerar recursos próprios para saldar seus compromissos, seja com dinheiro dos sócios, seja com o reflexo direto da operação, e nesse caso elas precisam recorrer a empréstimos sucessivos junto aos bancos.

Tendo como base o BP e a DRE, chegamos aos índices de endividamento da empresa, nos ano 1 e 2, mostrados na Tabela 5.6.

Tabela 5.6 – Índices de solvência de longo prazo ou de endividamento

Índice	Fórmula	Ano 1	Ano 2	Interpretação
Endividamento geral	EG = ((AT − PL) / AT) · 100	60,72%	64,68%	No ano 1, para cada R$ 1,00 de ativo a empresa tem R$ 60,72 de capital de terceiros na sua estrutura e R$ 39,28 de capital próprio.
	Ativo Total	R$ 2.726.178	R$ 3.984.050	
	Patrimônio	R$ 1.070.861	R$ 1.407.185	
Endividamento financeiro	EF = (Empr + Financ / AT) · 100	13,96%	31,48%	Os empréstimos e financiamentos totais (de curto e de longo prazo) representam, em relação ao ativo total da empresa, somente 13,96% no ano 1 e aumentaram para 31,48% no ano 2.
	Empréstimos e Financiamentos CP	R$ 66.165	R$ 83.429	
	Duplicatas Descontadas	R$ –	R$ –	
	Empréstimos e Financiamentos LP	R$ 314.360	R$ 1.170.788	
	Total do Ativo	R$ 2.726.178	R$ 3.984.050	

(continua)

(Tabela 5.6 – conclusão)

Índice	Fórmula	Ano 1	Ano 2	Interpretação
Endividamento de curto prazo	ECP = (Ex. curto prazo/ AT) · 100	2,43%	2,09%	As dívidas de curto prazo são relativamente insignificantes em relação ao total do ativo, seja no ano 1 (2,43%), seja no ano 2 (2,09%), demonstrando que quase não existem dívidas.
	Empréstimos e Financiamentos CP	R$ 66.165	R$ 83.429	
	Duplicatas Descontadas	R$ –	R$ –	
	Total do Ativo	R$ 2.726.178	R$ 3.984.050	
Endividamento de longo prazo	ELP = (Ex. longo prazo / AT) · 100	11,53%	29,39%	As dívidas de longo prazo são um pouco representativas em relação ao total do ativo, seja no ano 1 (11,53%), seja no ano 2 (29,39%).
	Empréstimos e Financiamentos LP	R$ 314.360	R$ 1.170.788	
	Total do Ativo	R$ 2.726.178	R$ 3.984.050	
Cobertura de juros	CJ = Lajir / Juros	2,41	1,68	A empresa consegue perfeitamente cobrir suas obrigações de pagamento de juros, tanto no ano 1 quanto no ano 2.
	Lajir	R$ 683.994	R$ 742.692	
	Juros	R$ 284.308	R$ 442.816	

Os índices de endividamento da empresa representam, dessa forma, uma certa saúde financeira em relação a sua estrutura de capital.

Resumindo a análise dos índices de endividamento, concluímos que, de todo o investimento realizado na empresa, em relação ao segundo ano de operação, o endividamento financeiro total foi de 31,48%. Isso nos indica que a empresa teve de contrair um pouco de recursos financeiros, principalmente para poder comprar máquinas e equipamentos, o que fica evidente quando verificamos que essa conta, no Ativo Não Circulante, teve um aumento de 119,3% do ano 1 para o ano 2 (informação confirmada por meio da análise horizontal).

5.5 Índices de estrutura de capital

Os índices de estrutura de capital têm como principal objetivo indicar como está estruturada a composição de capital da empresa, ou seja, eles analisam se a empresa possui muitas dívidas em relação ao seu patrimônio líquido ou em relação a algum valor relativo aplicado de acordo com as necessidades do planejamento e a análise financeira executada. Os principais índices de estrutura de capital estão descritos no Quadro 5.3.

Quadro 5.3 – Índices de estrutura capital

Índice	Fórmula	Parâmetros de interpretação	Parâmetros de análise
Imobilização do patrimônio líquido	IPL = (ANC / PL) · 100	Indica quanto do ativo não circulante da empresa é financiado somente pelo patrimônio líquido.	Quanto menor, melhor.
Imobilização dos recursos não correntes	IRCN = (ANC / (PL + PNC)) · 100	Indica a proporção entre o ativo não circulante e os recursos não correntes da empresa.	Quanto menor, melhor.
Passivo oneroso sobre o ativo	Posa = (ELP / AT) · 100	Indica a participação das fontes onerosas de capital em relação ao financiamento dos investimentos da empresa.	Quanto menor, melhor.
Participação de capital de terceiros	PCT = (CTt / PL) · 100	Indica quanto foi utilizado de capital de terceiros para cada R$ 1,00 de capital próprio.	Quanto menor, melhor.
Composição de endividamento	CEnd = (PC / CTt) · 100	Indica a relação das dívidas de curto prazo em relação às dívidas totais da empresa.	Quanto menor, melhor.

Esses índices sempre devem ser analisados em conjunto com os índices de endividamento, pois um grupo complementa diretamente o outro nas análises da real situação econômico-financeira da empresa.

Voltando ao nosso exemplo, tendo como base o BP, chegamos aos índices de estrutura de capital da empresa, nos ano 1 e 2, mostrados na Tabela 5.7.

Tabela 5.7 – Índices de estrutura de capital

Índice	Fórmula	Ano 1	Ano 2	Interpretação
Imobilização do patrimônio líquido	IPL = (ANC / PL) · 100	71,50%	121,87%	No ano 2, a empresa imobilizou 121,87% do Patrimônio Líquido e ainda teve de emprestar dinheiro para complementar suas necessidades.
	Ativo Não Circulante	R$ 765.698	R$ 1.714.879	
	Patrimônio Líquido	R$ 1.070.861	R$ 1.407.185	
Imobilização dos recursos não correntes	IRNC = (ANC / (PL + PNC)) · 100	55,28%	66,52%	No ano 1, a empresa imobilizou 55,28% do Patrimônio Líquido e do Passivo Não Circulante, sendo que, para cada R$ 1,00 de Patrimônio Líquido + Passivo Não Circulante, ela investiu, no Ativo Não Circulante, R$ 0,55, ficando o restante para a operação.
	Ativo Não Circulante	R$ 765.698	R$ 1.714.879	
	Patrimônio Líquido	R$ 1.070.861	R$ 1.407.185	
	Passivo Não Circulante	R$ 314.360	R$ 1.170.788	
Passivo oneroso sobre o ativo	Posa = (Elt / ATP) · 100	11,53%	29,39%	No ano 1, o custo financeiro incidente sobre o valor do financiamento a longo prazo representou 11,53%.
	Exigível a Longo Prazo	R$ 314.360	R$ 1.170.788	
	Ativo Total	R$ 2.726.178	R$ 3.984.050	

(continua)

(Tabela 5.7 – conclusão)

Índice	Fórmula	Ano 1	Ano 2	Interpretação
Participação de capital de terceiros	PCT = (CTt / PL) · 100	35,53%	89,13%	A participação do capital de terceiros aumentou significativamente no ano 2, representando certa dependência.
	Capital de Terceiros	R$ 380.525	R$ 1.254.217	
	Patrimônio Líquido	R$ 1.070.861	R$ 1.407.185	
Composição do endividamento	CEnd = (PC / CTt) · 100	352,40%	112,11%	O endividamento da empresa, no curto prazo, é muito grande, representando novamente que a empresa depende de capital de terceiros.
	Passivo Circulante	R$ 1.340.957	R$ 1.406.077	
	Capital se Terceiros	R$ 380.525	R$ 1.254.217	

Analisando os índices da estrutura de capital da empresa, chegamos à conclusão de que a empresa depende de capital de terceiros, apesar de apresentar um pequeno endividamento financeiro. Novamente, podemos concluir que essa dependência surge em razão da compra das máquinas e equipamentos no ano 2, pois indica que a empresa não tinha todo o dinheiro para realizar essa compra e teve de financiá-la, o que comprova o aumento de 272,4% do Passivo Não Circulante, na forma de empréstimos e financiamentos (análise horizontal).

5.6 Índices de administração de ativo ou de giro

Os índices de administração de ativo ou de giro demonstram a atenção e a eficiência que a empresa dedica na utilização e manutenção dos seus ativos. Os principais índices desse grupo estão descritos no Quadro 5.4.

Quadro 5.4 – Índices de administração de ativo ou de giro

Índice	Fórmula	Parâmetros de interpretação	Parâmetros de análise
Giro de estoque	GE = CMV / Estoque	Indica quantas vezes ao ano a empresa liquida ou gira todo o seu estoque.	Quanto maior, melhor.
Dias de vendas em estoque	DVE = 365 / GE	Indica quanto tempo a empresa levou para girar ou liquidar seu estoque, em média.	Quanto menor, melhor.
Giro de contas a receber	GCR = Vendas / Contas a Receber	Indica quanto tempo a empresa leva para poder cobrar suas vendas já efetuadas.	Depende do padrão estabelecido do setor de atuação da empresa.
Dias de vendas em contas a receber	DVCR = 365 / GCR	Indica quanto tempo a empresa leva para receber suas vendas realizadas a prazo, em média.	Quanto menor, melhor.
Giro do ativo total	GAT = Vendas / AT	Indica quanto de R$ 1,00 do Ativo a empresa consegue gerar em vendas.	Quanto maior, melhor.
Giro do patrimônio líquido	GPL = Vendas / PL	Indica quantas vezes a empresa transforma o seu capital próprio em vendas.	Quanto maior, melhor.

Basicamente, esses índices nos descrevem a eficiência da empresa em utilizar seus ativos na geração de vendas.

> Tendo como base as duas demonstrações financeiras utilizadas até aqui, chegamos aos índices de administração de ativo ou de giro mostrados na Tabela 5.8.

Tabela 5.8 – Índices de administração de ativo ou de giro

Índice	Fórmula	Ano 1	Ano 2	Interpretação
Giro de estoque	GE = CMV / Estoque	4,8	3,1	No ano 1, a empresa liquidou ou girou todo o estoque 4,8 vezes ao longo do ano.
	Custo dos Produtos Vendidos	R$ 3.621.530	R$ 3.273.530	
	Estoques	R$ 751.206	R$ 1.039.435	
Dias de vendas em estoque	DVE = 365 / GE	76	116	O estoque foi mantido por 76 dias no ano 1.
Giro de contas a receber	GCR = Vendas Contas a Receber	5,4	4,6	No ano 1, a cobrança média do saldo de contas a receber e da concessão de novo crédito aos clientes girou 5,4 vezes.
	Receita Operacional Bruta	R$ 5.619.936	R$ 5.189.327	
	Contas a Receber	R$ 1.045.640	R$ 1.122.512	
Dias de vendas em contas a receber	DVCR = 365 / GCR	68	79	A cobrança das vendas a prazo é de 68 dias.
Giro do ativo total	GAT = Vendas / AT	2,1	1,3	Para cada real de ativo no ano 1, a empresa gerou R$ 2,1 em vendas, diminuindo para R$ 1,3 no ano 2.
	Receita Operacional Bruta	R$ 5.619,936	R$ 5.189.327	
	Ativo Total	R$ 2.726.178	R$ 3.984.050	
Giro do patrimônio líquido	GPL = Vendas / PL	5,2	3,7	Para cada real do Patrimônio Líquido no ano 1, a empresa gerou R$ 5,2 em vendas, diminuindo para R$ 37 no ano 2.
	Receita Operacional Bruta	R$ 5.619.936	R$ 5.189.327	
	Patrimônio Líquido	R$ 1.070.861	R$ 1.407.185	

> Os índices de administração de ativo ou de giro da empresa indicam que esta tem administrado de uma maneira satisfatória seus ativos e seu Patrimônio Líquido.
>
> Concluímos que existe um pequeno descompasso na administração dos estoques e no recebimento das vendas, mas não é nada tão assustador assim, pois a empresa tem uma boa relação, positiva a seu favor (do giro do ativo total e do giro do patrimônio líquido), indicando que ela está administrando de maneira satisfatória sua estrutura de ativo.

5.7 Índices de lucratividade ou de rentabilidade

Os índices de lucratividade ou de rentabilidade são aqueles que nos mostram o quanto renderam todos os investimentos realizados, demonstrando, indiretamente, o grau de êxito econômico da empresa. Esses índices buscam medir como a empresa está utilizando seus ativos na geração de recursos econômicos, além de demonstrar como está a administração das operações.

Tradicionalmente, esses índices são avaliados por meio do critério de **"quanto maior, melhor"**, exatamente pelo fato de buscarem retratar os resultados dos investimentos realizados pela empresa. Os principais índices de lucratividade e de rentabilidade estão descritos no Quadro 5.5.

Quadro 5.5 – Índices de lucratividade ou de rentabilidade

Índice	Fórmula	Parâmetros de interpretação	Parâmetros de análise
Margem bruta	MB = (LB / ROL) · 100	Indica quanto resta, em porcentagem, da receita da empresa após serem deduzidos os custos operacionais.	Quanto maior, melhor, mas depende diretamente do setor ou do produto da empresa.

(continua)

(Quadro 5.5 – conclusão)

Índice	Fórmula	Parâmetros de interpretação	Parâmetros de análise
Margem operacional	MO = (Lajir / ROL) · 100	Indica o ganho operacional da empresa em relação ao faturamento após a dedução das despesas operacionais.	Quanto maior, melhor, mas depende diretamente do setor ou do produto da empresa.
Margem líquida	ML = (LL / ROL) · 100	Indica a lucratividade obtida pela empresa em relação ao faturamento.	Quanto maior, melhor, mas depende diretamente do setor ou do produto da empresa.
Retorno do ativo	ROA = (LL / AT) · 100	Indica quanto a empresa teve de lucro para cada R$ 1,00 de investimento total.	Quanto maior, melhor, mas depende diretamente do setor ou do produto da empresa.
Retorno do patrimônio líquido	ROE = (LL / PL) · 100	Indica a remuneração do capital próprio investido na empresa.	Quanto maior, melhor, mas depende diretamente do setor ou do produto da empresa.

Podemos perceber que o lucro da empresa no período tem um papel de destaque quando analisamos esse grupo de índices.

Tendo como base as duas demonstrações financeiras utilizadas até aqui, temos os índices de lucratividade ou de rentabilidade, para os dois anos, mostrados na Tabela 5.9.

Tabela 5.9 – Índices de lucratividade ou de rentabilidade

Índice	Fórmula	Ano 1	Ano 2	Interpretação
Margem bruta	MB = (LB / ROL) · 100	22,44%	26,04%	Em termos contábeis, no ano 1, a empresa gerou um pouco mais de R$ 0,24 de lucro bruto para cada R$ 1,00 de receita líquida.
	Lucro Bruto	R$ 1.171.593	R$ 1.152.336	
	Receita Operacional Líquida	R$ 4.793.123	R$ 4.425.866	

(continua)

(Tabela 5.9 – conclusão)

Índice	Fórmula	Ano 1	Ano 2	Interpretação
Margem operacional	MO = (LAJIR / ROL) · 100	14,27%	16,78%	Em termos contábeis, no ano 1, a empresa gerou um pouco mais de R$ 0,14 de lucro operacional para cada R$ 1,00 de venda.
\	Ativo Não Circulante	R$ 765.698	R$ 1.714.879	
	Lucro Antes dos Juros e do Imposto de Renda	R$ 683.994	R$ 742.692	
	Receita Operacional Líquida	R$ 4.793.123	R$ 4.425.866	
Margem líquida	ML = (LL / ROL) · 100	4,67%	3,78%	Em termos contábeis, no ano 1, a empresa gerou um pouco mais de R$ 0,04 de lucro líquido para cada R$ 1,00 de venda.
	Lucro Líquido	R$ 223.741	R$ 167.116	
	Receita Operacional Líquida	R$ 4.793.123	R$ 4.425.866	
Retorno do ativo	ROA = (LL / AT) · 100	8,21%	4,19%	No ano 1, a empresa teve R$ 0,08 aproximados de retorno para cada R$ 1,00 de investimento total no ativo.
	Lucro Líquido	R$ 223.741	R$ 167.116	
	Ativo Total	R$ 2.726.178	R$ 3.984.050	
Retorno do patrimônio líquido	ROE = (LL / PL) · 100	20,89%	11,88%	Para cada R$ 1,00 de capital próprio no ano, a empresa gerou aproximadamente R$ 0,21 de retorno efetivo.
	Lucro Líquido	R$ 223.741	R$ 167.116	
	Patrimônio Líquido	R$ 1.070.861	R$ 1.407.185	

A análise desses índices nos mostra diretamente que a empresa não apresenta muita lucratividade nas suas operações, nem um retorno significativo para os investimentos que foram realizados no seu ativo total.

Os índices de lucratividade ou de rentabilidade demonstram que, se a operação de empresa se mantiver nos patamares atuais, uma margem de lucro mais alta é considerada desejável. Essa situação pode ser atingida por meio de um percentual de despesas mais baixos em relação às suas vendas. Além disso, o fato de que o retorno do Patrimônio Líquido é relativamente superior ao retorno do Ativo reflete o que já sabemos, ou seja, a empresa está utilizando uma certa quantidade de capital de terceiros na sua estrutura de capital.

5.8 Índices de atividade ou de giro das contas operacionais

Os índices de atividade ou de giro das contas operacionais tradicionalmente são chamados de *prazos médios* ou de *ciclos* e indicam qual é o ciclo operacional da empresa, demonstrando o tempo total transcorrido desde o recebimento da matéria-prima, o efetivo pagamento, a venda dos produtos finais e, finalmente, o recebimento por parte dos clientes. Os principais índices analisados nesse grupo estão descritos no Quadro 5.6.

Quadro 5.6 – Índices de atividade ou de giro das contas operacionais

Índice	Fórmula	Parâmetros de interpretação	Parâmetros de análise
Prazo médio de renovação de estoques	PMRE = 360 · (Estoque / CMV)	Indica quantos dias, em média, a empresa leva para renovar seu estoque.	Quanto menor, melhor.
Prazo médio de pagamento de compras	PMPC = 360 · (Fornecedores / Compras)	Indica quanto tempo, em média, transcorre desde a compra da matéria-prima até seu efetivo pagamento.	De acordo com o padrão do setor de atuação da empresa.

(continua)

(Quadro 5.6 – conclusão)

Índice	Fórmula	Parâmetros de interpretação	Parâmetros de análise
Prazo médio de recebimento de vendas	PMRV = 360 · (Dupl. a Receber / Vendas)	Indica quanto tempo, em média, decorre desde a venda dos produtos até o efetivo recebimento.	De acordo com o padrão do setor de atuação da empresa.
Ciclo econômico	CE = PMRE	Indica o tempo transcorrido desde a entrada das compras e as vendas correspondentes.	De acordo com o padrão do setor de atuação da empresa.
Ciclo operacional	CO = PMRE + PMRV	Indica o tempo decorrido desde a compra da matéria-prima até o momento em que se recebe o dinheiro relativo às vendas.	De acordo com o padrão do setor de atuação da empresa.
Ciclo financeiro	CF = PMRE + PMRV – PMPC	Indica o tempo decorrido desde o pagamento aos fornecedores até o recebimento pelas vendas.	De acordo com o padrão do setor de atuação da empresa.

Não podemos confundir esses índices com os índices de administração de ativo ou de giro, pois a análise aqui é um tanto quanto diferenciada, com um enfoque mais usual no dia a dia da empresa, que é representado por meio dos ciclos econômico, operacional e financeiro, conforme demonstrado na Figura 5.3.

Figura 5.3 – Operações incidentes nos ciclos econômico, financeiro e operacional

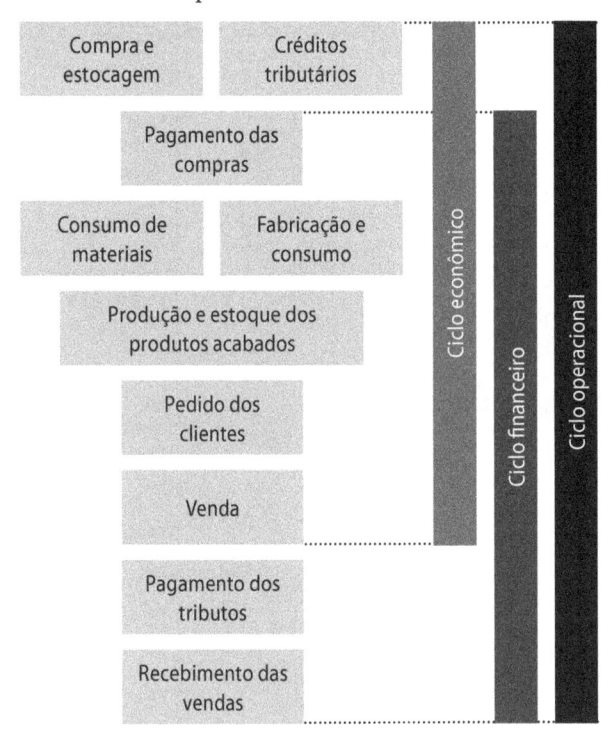

- Compra e estocagem
- Créditos tributários
- Pagamento das compras
- Consumo de materiais
- Fabricação e consumo
- Produção e estoque dos produtos acabados
- Pedido dos clientes
- Venda
- Pagamento dos tributos
- Recebimento das vendas

Ciclo econômico | Ciclo financeiro | Ciclo operacional

Para que possamos calcular esses três ciclos, conforme verificamos no Quadro 5.6, antes se faz necessária a análise de alguns prazos médios.

> Aplicando as fórmulas desse grupo de índices nos anos 1 e 2 das demonstrações que estamos analisando, temos os resultados mostrados na Tabela 5.10.

Tabela 5.10 – Índices de atividade ou giro das contas operacionais

Índice	Fórmula	Ano 1	Ano 2	Interpretação
Prazo médio de renovação de estoques	PMRE = 360 · (Estoque / CMV)	75	114	Os estoques se renovaram, em média, em aproximadamente 75 dias no ano 1 e aumentaram para 114 dias no ano 2.
	Estoque	R$ 751.206	R$ 1.039.435	
	Custo dos Produtos Vendidos	R$ 3.621.530	R$ 3.273.530	
Prazo médio de pagamento de compras	PMPC = 360 · (Fornecedores / compras)	66	65	Em média, a empresa demorou 66 dias para pagar seus fornecedores no ano 1 e 65 dias no ano 2.
	Ativo Não Circulante	R$ 765.698	R$ 1.714.879	
	Fornecedores	R$ 708.536	R$ 639.065	
	Compras	R$ 3.838.569	R$ 3.561.759	
Prazo médio de recebimento de vendas	PMRV = 360 · (Dupl. receber / vendas)	79	91	Em média, a empresa demorou 79 dias para receber dos seus clientes no ano 1 e teve um aumento significativo para 91 dias no ano 2.
	Duplicatas a Receber	R$ 1.045.640	R$ 1.122.512	
	Receita Operacional Líquida	R$ 4.793.123	R$ 4.425.866	
Ciclo econômico	CE = PMRE	75	114	
Ciclo operacional	CO = PMRE + PMRV	153	206	
Ciclo financeiro	CF = PMRE + PMRV – PMPC	87	141	

Esses índices somente comprovam o que já sabíamos quando analisamos outros grupos: a empresa não está administrando muito bem seus ativos e precisa melhorar períodos futuros.

> Os índices de atividade ou de giro das contas operacionais nos mostram, quando analisamos somente o ano 1, que a empresa está pagando seus fornecedores com um prazo médio de 66 dias após as compras, mas que ela tem recebido de seus clientes o que vendeu somente 79 dias após esse pagamento. Essa diferença de aproximadamente 87 dias (que é seu ciclo financeiro total) está sendo financiada com recursos de terceiros, conforme já conseguimos comprovar. Portanto, quanto maior for o ciclo financeiro da empresa, pior financeiramente será para ela, pois isso representa maior necessidade de capital de terceiros, além de demonstrar também um tempo maior durante o qual a empresa deverá utilizar-se desses empréstimos. Isso aumenta significativamente suas despesas financeiras (o que conseguimos comprovar na análise horizontal da DRE, na qual as despesas financeiras aumentaram 55,8% do ano 1 para o ano 2).

Síntese

O planejamento e a análise financeira basicamente são realizados por meio da análise de vários índices. Isso envolve diretamente alguns métodos de cálculo simples, que servem para verificar e monitorar o efetivo desempenho econômico-financeiro da empresa ao longo dos períodos em que é realizada a análise.

Entretanto, antes de dar início ao planejamento e à análise, que terão como base o Balanço Patrimonial (BP) e a Demonstração do Resultado do Exercício (DRE), essas duas demonstrações financeiras devem passar por alguns pequenos ajustes que irão facilitar o desenvolvimento dos cálculos necessários. Vale a pena lembrarmos que esses ajustes, em hipótese alguma, podem alterar os valores totais das demonstrações, pois estas foram desenvolvidas de acordo com os conceitos contábeis obrigatórios e não podem ter seus valores ou estrutura alterados.

Os índices financeiros são separados para facilitar sua análise e sua interpretação. Essa separação existe somente por uma conveniência e divide os índices em vários grupos, entre os quais seis deles se destacam: de solvência de curto prazo ou de liquidez, de solvência de longo prazo ou de endividamento, de estrutura de capital, de administração de ativo ou de giro, de lucratividade ou de rentabilidade, de atividade ou de giro das contas operacionais.

Esses grupos de índices nunca podem ser analisados isoladamente, pois é no conjunto das interpretações que teremos uma visão completa da situação econômico-financeira da empresa, analisando, dessa forma, todas as suas áreas de atuação – operacionais, econômicas ou financeiras.

Exercícios resolvidos

1. Determinada empresa realiza suas vendas somente a prazo, concedendo um prazo médio de 30 dias para que seus clientes efetuem os pagamentos. No final do ano, no Balanço Patrimonial constam aproximadamente R$ 500.000 na conta Clientes a Receber. A receita da empresa, no mesmo período, foi de R$ 4.800.000. Com base nessas informações, qual é o prazo médio de recebimentos das vendas do período?
    a) 38 dias.
    b) 42 dias.
    c) 9 dias.
    d) 21 dias.
    e) 30 dias.

Resolução:

a. O prazo médio de recebimentos das vendas é calculado por meio da seguinte fórmula: PMRV = 360 · (Dupl. a Receber / Vendas). Assim, PMRV = 360 · (R$ 500.000 / R$ 4.800.000) = 38 dias, aproximadamente.

2. Imagine a seguinte situação em uma empresa: todos os seus ativos apresentaram um crescimento ao longo do último período, mas a liquidez corrente aumentou e a liquidez seca diminuiu. Com base nessas relações, é **incorreto** o que se afirma em qual das alternativas listadas?

    a) O ativo circulante cresceu mais do que o passivo circulante.

    b) O estoque cresceu menos que o total do ativo circulante.

    c) Os índices de liquidez são associados à solvência de curto prazo da empresa.

    d) O ativo circulante e o estoque cresceram de uma forma diferente.

    e) O ativo circulante e o passivo circulante cresceram de uma forma diferente.

Resolução:

b. Se a liquidez seca diminuiu de um período para o outro, consequentemente, o total dos estoques aumentou praticamente na mesma proporção. Portanto, a alternativa **b** está incorreta, sendo todas as outras corretas.

3. Uma empresa apresenta um giro dos ativos considerado baixo. O administrador financeiro chegou à conclusão de que isso aconteceu em virtude dos altos investimentos que foram feitos na operação. Porém, ele identificou que a rentabilidade dos ativos da empresa é muito alta. O que pode justificar esse fato em uma empresa (giro do ativo baixo e retorno do ativo alto)?

a) Investimentos relativamente grandes foram realizados.
b) Houve um aumento significativo no volume de vendas da empresa.
c) Os custos são considerados muito altos para a operação.
d) A margem de lucro do período é muito grande.
e) As despesas são muito pequenas em relação à operação da empresa.

Resolução:

d. Para resolver essa questão, antes de mais nada, precisamos relembrar as fórmulas dos índices em análise: [GAT = Vendas / AT] e [ROA = (LL / AT) · 100]. Se o retorno do ativo é muito alto, uma das consequências é que a empresa apresenta uma alta lucratividade, o que fará com que os ativos girem de uma forma mais baixa, pois as vendas também são consideradas altas.

Questões para revisão

1. (Enade/Ciências Contábeis – 2012) Na análise econômico-financeira são levados em consideração os indicadores de Estrutura de Capital, Liquidez e Rentabilidade. Com relação a esses indicadores, avalie as afirmações abaixo:

   I. Os Índices de Liquidez procuram medir quão sólida é a base financeira de uma empresa.
   II. O Índice de Imobilização do Patrimônio Líquido mostra quanto a empresa imobilizou sem comprometer a situação financeira.
   III. O Índice de Rentabilidade do Patrimônio Líquido mostra quanto uma empresa ganhou para cada R$ 100,00 de capital próprio investido.

IV. Os Índices de Estrutura de Capital mostram o retorno sobre o capital investido.

V. O Índice do Valor de Mercado da Ação evidencia o número de anos que o investidor deverá esperar para ter de volta o capital investido.

É correto apenas o que se afirma em:
a) I e III.
b) I e IV.
c) II e III.
d) II e V.
e) IV e V.

2. (Enade/Ciências Contábeis – 2009) Analise as informações a seguir, referentes ao Balanço Patrimonial da Cia. MMS, relativo ao exercício financeiro de X8.

ATIVO	R$	PASSIVO + PL	R$
Caixa	400	Empréstimo (Curto Prazo)	600
Clientes	1.000	Fornecedores	500
Aplicações Financeiras (Curto Prazo)	1.700	Títulos a Pagar (Curto Prazo)	800
ICMS a Recuperar	200	Provisão para Férias e 13° Salário	1.100
Marcas e Patentes	200	Financiamentos (Longo Prazo)	4.500
Obras de Arte	1.500	Capital Social	4.000
Veículos	8.000	Reservas de Lucros	1.800
Clientes (Longo Prazo)	1.100	Reservas de Capital	800
TOTAL DO ATIVO	**14.100**	**TOTAL**	**14.100**

Com base nessas informações, quais são, respectivamente, o índice de liquidez corrente e o índice de composição do endividamento?
a) 1,5 e 40%.
b) 1,1 e 114%.
c) 1,1 e 40%.

d) 1,1 e 33%.
e) 1,0 e 33%.

3. (Enade/Ciências Contábeis – 2009) Os indicadores de rentabilidade e de prazos médios da empresa ABC S.A., referentes aos exercícios de X1 e X2, foram os seguintes:

INDICADORES		X1	X2
Rentabilidade	Giro do Ativo	0,6	0,6
	Margem Líquida	15,2%	19,1%
	Rentabilidade do Ativo	9,1%	11,5%
	Rentabilidade do PL	18,4%	21,7%
Prazo Médios	Prazo Médio de Renovação de Estoques	74	85
	Prazo Médio de Recebimento de Vendas	60	54
	Prazo Médio de Pagamento de Compras	18	19
	Ciclo Operacional	134	139
	Ciclo Financeiro	116	120

Com base nessas informações, é CORRETO afirmar que:
a) a capacidade de pagamento melhorou, devido ao aumento do ciclo financeiro.
b) a empresa ganhou R$ 15,20 para cada R$ 100,00 investidos no ativo em X1.
c) a empresa passou a conceder, em média, um prazo maior em suas vendas a prazo.
d) a remuneração do capital próprio reduziu durante o período sob análise.
e) a rentabilidade do ativo aumentou em X2, devido ao aumento da margem líquida.

4. Determinada empresa apresentou, ao final do período, os seguintes resultados: Patrimônio Líquido = R$ 50.000,00; Ativo Circulante = R$ 200.000,00; ativo total = R$ 300.000,00; e Capital Circulante Líquido = R$ 120.000,00. Tendo como

base esses resultados, qual é o percentual do índice de participação do capital de terceiros sem relação com o capital próprio?

5. O que efetivamente demonstram os índices de lucratividade ou de rentabilidade?

Saiba mais

Para aprender mais acerca da análise financeira por meio da aplicação de índices financeiros, leia o artigo indicado a seguir, publicado no 18º Congresso Brasileiro de Contabilidade.

REHBEIN, A. R.; ENGELMANN, D.; GONÇALVES, O. Índices-padrão: uma ferramenta para contabilidade regulatória. In: CONGRESSO BRASILEIRO DE CONTABILIDADE, 18., 2008, Gramado. **Anais...** Brasília: CFC, 2008. Disponível em <http://www.congressocfc.org.br/hotsite/trabalhos_1/450.pdf>. Acesso em: 17 nov. 2015.

Perguntas & respostas

1. **Existe um conflito conceitual entre a liquidez e a rentabilidade de uma empresa. Qual é esse conflito?**

    Resposta: Para que uma empresa possa melhorar sua rentabilidade, ela deve simplesmente buscar um aumento no seu volume de vendas, o que muitas vezes irá implicar um aumento no prazo médio de pagamento dos clientes. Porém, a liquidez está associada diretamente às vendas realizadas à vista, o que pode acabar dificultando o processo. Esse conflito sempre existirá em uma empresa, pois a área comercial pensa de forma muito diferente da área financeira. Dessa maneira, a corporação deve definir claramente qual é sua prioridade: aumentar as vendas ou melhorar sua capacidade de pagamento no curto prazo.

2. Se você fosse o gerente de um banco, faria um empréstimo para uma empresa que apresenta um índice de endividamento financeiro maior que 100%? Justifique sua resposta.

Resposta: Se eu fosse o gerente desse banco, não concederia o empréstimo, pois uma empresa com endividamento financeiro maior do que 100% não tem condições de pagar suas dívidas atualmente. Esse endividamento muito grande significa que, se a empresa parasse com todas as suas atividades na data em que foi calculado esse índice, ela não teria dinheiro suficiente para pagar todas as suas dívidas.

Planejamento orçamentário

6

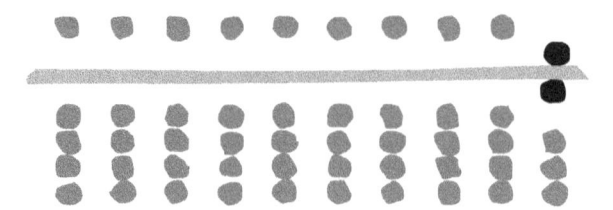

Conteúdos do capítulo:

- Conceitos e tipos de orçamentos.
- Estrutura do plano orçamentário.
- Controle orçamentário.

Após o estudo deste capítulo, você será capaz de:

1. entender a metodologia básica de um orçamento empresarial;
2. compreender as várias facetas do planejamento orçamentário;
3. detalhar as peças orçamentárias e seus métodos de projeção;
4. comparar o orçamento previsto com o orçamento realizado;
5. determinar as relações entre as projeções orçamentárias.

Neste capítulo final, vamos verificar como as decisões financeiras podem ser aplicadas ao planejamento orçamentário de uma empresa. A principal ferramenta que utilizaremos para as nossas análises será o orçamento, que, por si só, já é uma ferramenta de controle financeiro por excelência, pois envolve várias questões relevantes que vimos até agora, além de abranger a empresa como um todo.

Antes de iniciarmos nossos estudos, entretanto, é relevante que tenhamos em mente uma definição clara do que efetivamente é um orçamento. *Orçamento*, para Sobanski (2011, p. 16), por exemplo, é "o elo de ligação entre a atuação da empresa a curto prazo e sua estratégia, isto é, reflete os primeiros passos da organização na direção de seus objetivos de longo prazo". Podemos, portanto, entender que o orçamento é uma ferramenta que pode retratar a estratégia financeira da corporação, evidenciando algumas expectativas de futuro em relação às suas projeções financeiras.

Todo o processo orçamentário serve como uma forma de se balizarem as receitas, as despesas e os investimentos da empresa. As receitas e as despesas projetadas para períodos futuros são vistas como consequências diretas do orçamento, o que impacta diretamente um contexto empresarial mais amplo, priorizando-se e compatibilizando-se as políticas traçadas. Essa priorização e essa compatibilização, de certa forma, não conseguem inviabilizar-se mutuamente, o que requer que todo o processo de planejamento atue plenamente na empresa.

6.1 Conceitos e tipos de orçamento

Uma outra definição simples, mas que diz muito acerca do orçamento, é apresentada por Padoveze (2005b, p. 189), para quem o *orçamento* "nada mais é do que colocar na frente aquilo que está acontecendo hoje". Essa definição é de uma simplicidade enorme, mas, com o conhecimento que já temos até agora, podemos interpretá-la de algumas formas consistentes.

Por exemplo, sabemos que vamos precisar dos dados contábeis e financeiros da empresa para darmos início ao orçamento e que podemos encontrar esses dados no sistema de informações da empresa ou gerá-los por meio das várias técnicas e ferramentas que vimos até aqui.

Mas, antes de avançarmos, vamos verificar mais algumas questões relevantes em relação ao orçamento, como vantagens e desvantagens de se implantar o planejamento orçamentário em uma empresa.

De acordo com Welsch (2007, p. 63), as vantagens mais relevantes do processo de planejamento orçamentário são:

- desenvolvimento da sofisticação da administração em seu uso;
- elaboração de um plano (orçamento) realista de vendas;
- estabelecimento de objetivos e padrões realistas;

- comunicação adequada de atitudes, políticas e diretrizes pelos níveis administrativos superiores;
- obtenção de flexibilidade administrativa no uso do sistema;
- atualização do sistema de acordo com o dinamismo do meio em que a administração atua.

Welsch (2007, p. 63) também aponta algumas desvantagens, a saber:

- o plano de resultados baseia-se em estimativas;
- um programa de planejamento e controle de resultados deve ser permanentemente adaptado às circunstancias existentes;
- a execução de um plano de resultados não é automática;
- o plano de resultados não deve tomar o lugar da administração.

Tendo como base as vantagens e as limitações do planejamento orçamentário indicadas por Welsch (2007), Frezatti (2009) afirma que o orçamento é "o plano financeiro para implementar a estratégia da empresa para determinado período. É mais do que uma simples estimativa, pois deve estar baseado no compromisso dos gestores em termos de metas a serem alcançadas". Frezatti (2009) lista vários princípios gerais do planejamento orçamentário, entre os quais destacamos:

- envolvimento administrativo;
- adaptação organizacional;
- contabilidade por área de responsabilidade;
- orientação por objetivos;
- comunicação integral;
- expectativas realísticas;
- oportunidade;

- aplicação flexível;
- acompanhamento;
- reconhecimento do esforço individual e do grupo.

Percebemos, de acordo com o que vimos até agora, que o planejamento orçamentário e o planejamento financeiro se relacionam com toda a empresa. Podemos entender melhor essa relação direta, principalmente com a área financeira e contábil, quando analisamos a Figura 6.1.

Figura 6.1 – Relacionamentos no planejamento orçamentário

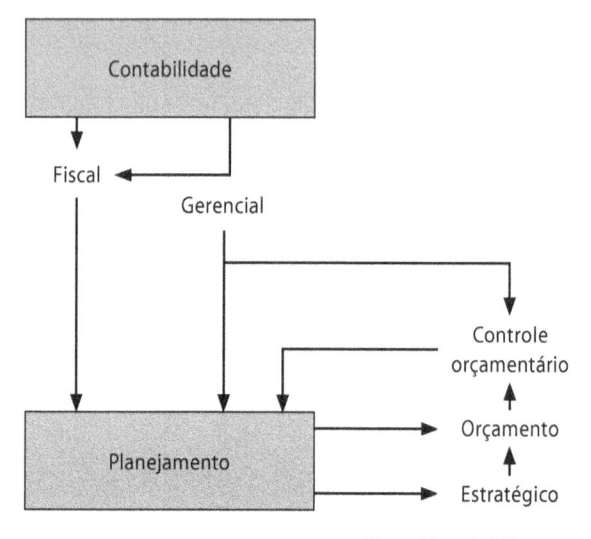

```
              ┌──────────────────┐
              │  Contabilidade   │
              └──────────────────┘
                │        │
                ▼        │
             Fiscal  ◀───┘
                       Gerencial
                │        │
                │        │        Controle
                │        │       orçamentário
                │        │            ▲
                ▼        ▼            │
              ┌──────────────┐  ──▶ Orçamento
              │ Planejamento │        ▲
              └──────────────┘        │
                                  Estratégico
```

FONTE: Adaptado de Frezatti, 2009, p. 56.

Nessa mesma perspectiva, Galvão et al. (2008) afirma que o planejamento orçamentário, obrigatoriamente, tem de ser integrado ao planejamento estratégico e gerencial da empresa. Esse processo de integração deve ser acompanhado por uma análise bem detalhada dos ambientes interno e externo em que a empresa está inserida e em que ela opera. Assim, a integração deve abranger:

- variáveis ambientais;
- ameaças e oportunidades, cenários econômicos, políticos e sociais da conjuntura nacional e internacional;
- reconhecimento pelo mercado dos conceitos, da missão e dos valores da empresa;
- vínculo com os fornecedores e os clientes, relacionamento na compra e na venda de produtos e assistência ao cliente;
- relacionamento com os principais colaboradores, empregados e prestadores de serviço, estrutura funcional e organizacional;
- fontes de recursos de capitais e políticas de investimento de longo prazo.

Associando as vantagens, as limitações e os processos de integração, temos os principais objetivos do orçamento, o qual, de acordo com Guindani et al. (2011), é estruturado com a finalidade de orientar o planejamento e o controle, alinhando todas as ações em um enfoque direto e unificado.

Figura 6.2 – Objetivos do planejamento orçamentário

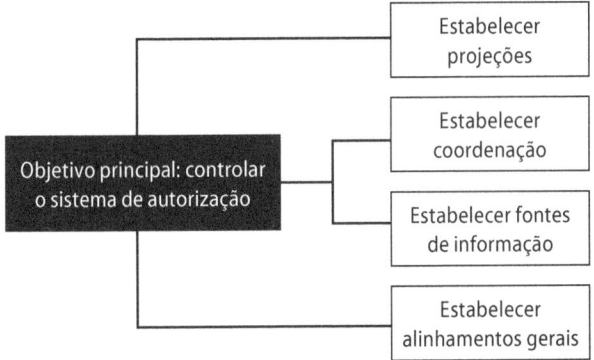

```
Objetivo principal: controlar      ├── Estabelecer projeções
o sistema de autorização           ├── Estabelecer coordenação
                                   ├── Estabelecer fontes de informação
                                   └── Estabelecer alinhamentos gerais
```

Percebemos claramente que os objetivos do planejamento orçamentário somente serão alcançados com a participação de todas as áreas da empresa, estabelecendo-se as metas que serão acompanhadas por todos.

6.1.1 Pré-requisitos para a implantação do orçamento

Para que o orçamento seja implantado corretamente, alguns pré-requisitos devem ser observados obrigatoriamente, como:

- comprometimento da diretoria;
- criação de um setor de orçamentos;
- aquisição ou desenvolvimento de um programa de execução e acompanhamento orçamentário;
- adaptação dos sistemas existentes à nova realidade orçamentária;
- preparação de um plano de contas orçamentário.

Vimos anteriormente que o orçamento deve ser considerado como um modelo a ser seguido pela empresa, representando certa simplificação da realidade em que está inserida. Mas não podemos nos esquecer de que existe uma diferença muito grande entre *simplificação* e *simplismo*, sendo que o orçamento deve ser embasado em determinadas premissas ou hipóteses que sejam viáveis, possíveis e prováveis. Atendendo a essas características, o orçamento irá retratar de modo prático o cenário econômico em que a empresa está inserida, funcionando como uma bússola durante o período em que estiver sendo realizado.

Padoveze (2005b) nos apresenta outra questão relevante ao indicar que o processo orçamentário sempre deve ter como base o desempenho do passado, auxiliando a previsão do comportamento do futuro. Entretanto, não podemos negligenciar a possibilidade de que, se nesse processo orçamentário a empresa somente se limitar a reproduzir diretamente o comportamento do passado no futuro, ela estará incorrendo em um risco oposto, perpetuando os mesmos erros que já aconteceram anteriormente.

6.2 Estrutura do plano orçamentário

Para Oliveira, Perez Junior e Silva (2013), o plano do orçamento é dividido em três grupos, cada um deles com características distintas e interdependentes, como indica a Figura 6.3.

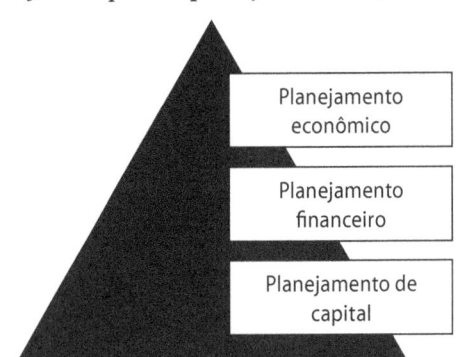

Figura 6.3 – Grupos do planejamento orçamentário

- Planejamento econômico
- Planejamento financeiro
- Planejamento de capital

Conforme já mencionamos, o planejamento é uma condição obrigatória no processo de desenvolvimento do orçamento de qualquer tipo de empresa. Os três tipos de planejamento a serem executados no processo de desenvolvimento e implantação do orçamento devem ser ainda associados com a execução e com o controle, acompanhando todo o processo e gerando uma nova visão, muito mais complexa, do processo de gestão da empresa. Observe o Quadro 6.1.

Quadro 6.1 – Visão geral do processo de planejamento orçamentário

Fase do processo	Finalidade	Processo
Planejamento estratégico	Garantir a missão e a continuidade	Diretrizes e políticas estratégicas
Planejamento operacional	Otimizar o resultado a médio e a longo prazo	Plano operacional
Programação	Otimizar o resultado a curto prazo	Programa operacional

(continua)

(Quadro 6.4 – conclusão)

Fase do processo	Finalidade	Processo
Execução	Otimizar o resultado de cada transação	Transações
Controle	Corrigir e ajustar para garantir a otimização	Ações corretivas

Dessa forma, a empresa tem de adotar completamente esses princípios de planejamento antes do início do processo orçamentário, traçando suas diretrizes, seus cenários, suas premissas e, assim, realizar o pré-planejamento orçamentário.

Relacionando os três principais tipos de cenários que podem ser utilizados como premissas orçamentárias, Oliveira, Perez Junior e Silva (2013) identificam as principais características a serem observadas, como vemos na Figura 6.4.

Figura 6.4 – Análise dos cenários

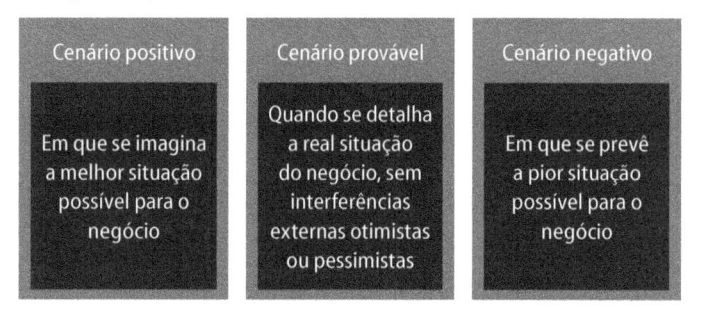

Cenário positivo	Cenário provável	Cenário negativo
Em que se imagina a melhor situação possível para o negócio	Quando se detalha a real situação do negócio, sem interferências externas otimistas ou pessimistas	Em que se prevê a pior situação possível para o negócio

Padoveze (2005b) conclui essa análise mostrando que o planejamento orçamentário deve ser embasado nessas premissas, as quais fundamentam substancialmente o desenvolvimento do orçamento, que será separado na forma das peças orçamentárias. O autor acrescenta que os três tipos de planejamento devem estar associados diretamente uns com os outros, gerando, dessa forma, várias e diferentes informações que serão utilizadas como suporte do planejamento orçamentário. Todo esse processo deve se associar ainda com o sistema de informações da empresa, o que pode ser visto na Figura 6.5.

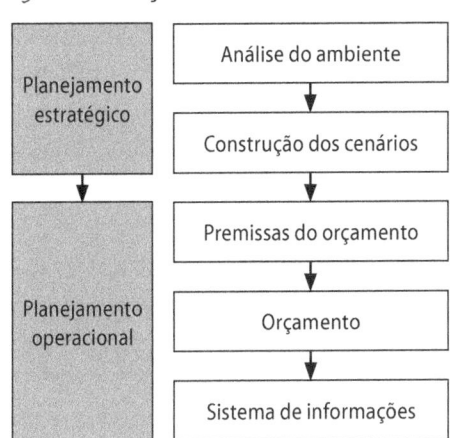

Figura 6.5 – Plano orçamentário e sistema de informações

```
Planejamento          Análise do ambiente
estratégico                   ↓
                      Construção dos cenários
                              ↓
                      Premissas do orçamento
                              ↓
Planejamento              Orçamento
operacional                   ↓
                      Sistema de informações
```

Todo o plano orçamentário, associado ao sistema de informações, segue uma estrutura lógica, que é separada em duas áreas: a econômica e a financeira. Cada uma dessas áreas analisa determinados aspectos do orçamento, que são chamados de *peças orçamentárias*. Vamos verificar um pouco mais de perto tudo isso.

6.2.1 Planejamento orçamentário econômico

O planejamento orçamentário econômico consiste na determinação de algumas metas que se associam diretamente à Demonstração do Resultado do Exercício (DRE) da empresa, que sofre determinadas variações e alocações conforme a área de atuação da empresa. As peças orçamentárias que compõem o planejamento econômico são as seguintes:

- **Orçamento de vendas:** Consiste na determinação das metas de vendas de acordo com as necessidades de controle da empresa, podendo ser dividido por produto, por região, por tipos de clientes etc. As metas do orçamento de venda devem ser as mais realistas possíveis, pois todas as demais peças orçamentárias serão elaboradas com base nas premissas determinadas por ele. A maioria das empresas mensura suas metas de vendas de acordo com a quantidade a ser produzida ou de acordo com os valores de receita projetada. A seguir, no Quadro 6.2, apresentamos uma estrutura simplificada do orçamento de vendas, que pode ser utilizada perfeitamente por qualquer tipo de empresa.

Quadro 6.2 – Estrutura básica do orçamento de vendas

	1º trimestre	2º trimestre	3º trimestre	4º trimestre
Unidades				
× Preço de venda[1]				
= Receita bruta				
(–) % de tributos s/ a receita				
= Receita líquida				

Nota: [1] Em todas as ocorrências do símbolo "×", trata-se da indicação de multiplicação.

- **Orçamento de produção:** Às vezes também chamado de *orçamento de fabricação*, tem com base as metas de vendas já traçadas, além de incorporar ainda a política de estoques da empresa. Esta serve como um plano mestre de produção, sendo estimada a quantidade de produtos a serem fabricados para que a empresa consiga atender ao seu planejamento de vendas. Uma questão muito relevante em relação ao orçamento de produção é a verificação da capacidade produtiva, que deve ser associada à política de estocagem da empresa, seja de estoque inicial, seja de estoque final de produtos acabados, devendo-se verificar se esta conseguirá atender efetivamente à demanda de produção projetada. A seguir, no Quadro 6.3, apresentamos uma estrutura simplificada do orçamento de produção.

Quadro 6.3 – Estrutura básica do orçamento de produção

	1º trimestre	2º trimestre	3º trimestre	4º trimestre
Vendas (unidades)				
+ Política de estocagem				
= Unidades a fabricar				
(–) Estoque inicial				
= Produção do período				

- **Orçamento de custos de matéria-prima:** O orçamento de matéria-prima é desenvolvido tendo como base o orçamento de produção, pois, para cada produto a ser produzido, existe uma lista específica de materiais, ou seja, devem ser discriminadas todas as matérias-primas necessárias, juntamente com suas respectivas quantidades, de acordo com a produção unitária de cada produto. As informações sobre os custos da matéria-prima são obtidas, geralmente, por meio de uma análise dos dados históricos, que devem ser corrigidos ou atualizados. Essas informações também podem surgir mediante novas cotações, que devem ser realizadas pela área de compras da empresa. A seguir, no Quadro 6.4, apresentamos uma estrutura simplificada do orçamento dos custos de matéria-prima.

Quadro 6.4 – Estrutura básica do orçamento de custos de matéria-prima

	1º trimestre	2º trimestre	3º trimestre	4º trimestre
Produção do período				
× kg matéria-prima (unidade)				
= Matéria-prima necessária				

(continua)

(Quadro 6.4 – conclusão)

	1º trimestre	2º trimestre	3º trimestre	4º trimestre
+ Política de estocagem				
= **Total de matéria-prima**				
(–) Estoque inicial				
= **Compra de matéria-prima**				
× Preço por kg				
= **Custo total de matéria-prima**				

- **Orçamento de custos de mão de obra direta:** Também tem como base o orçamento de produção, em que, para cada produto fabricado, associam-se o tempo e a quantidade de mão de obra necessária para a produção de cada unidade projetada. Assim como no orçamento de produção, no orçamento de mão de obra direta deve ser analisada a capacidade de mão de obra, ou seja, é necessária a verificação do que já existe na empresa e se os funcionários à disposição serão suficientes para a execução. As informações a respeito do custo da mão de obra direta também podem ser obtidas mediante custos históricos, corrigidos e atualizados, ou por meio de informações coletadas no departamento de recursos humanos da empresa. A seguir, no Quadro 6.5, apresentamos uma estrutura simplificada do orçamento dos custos de mão de obra direta.

Quadro 6.5 – Estrutura básica do orçamento de custos de mão de obra direta

	1º trimestre	2º trimestre	3º trimestre	4º trimestre
Produção do período				
× Tempo de fabricação (horas)				

(continua)

(Quadro 6.5 – conclusão)

	1º trimestre	2º trimestre	3º trimestre	4º trimestre
= Necessidade total de horas				
× Custo da hora p/ empregado				
= Custo total da Mão de Obra Direta				

- **Orçamento de custos indiretos de fabricação:** Para a maioria das empresas que industrializam, os custos indiretos de fabricação são analisados como se fossem de natureza fixa. Em virtude disso, devem ser coletados os custos históricos da empresa, que devem ser corrigidos ou atualizados. Não podemos nos esquecer, nessa peça orçamentária, do impacto da depreciação, que poderá ser obtida no orçamento de capital (investimento em máquinas e equipamentos). A seguir, no Quadro 6.6, apresentamos uma estrutura simplificada do orçamento de custos indiretos de fabricação.

Quadro 6.6 – Estrutura básica do orçamento de custos indiretos de fabricação

	1º trimestre	2º trimestre	3º trimestre	4º trimestre
Produção do período				
× Custo unitário dos Materiais Indiretos				
= Total materiais indiretos				
Produção do período				
× Custo unitário da Mão de Obra Indireta				
= Mão de Obra Indireta				

(continua)

(Quadro 6.6 – conclusão)

	1º trimestre	2º trimestre	3º trimestre	4º trimestre
+ Custos fixos				
= Total dos Custos Indiretos de Fabricação				

- **Orçamento de despesas:** O orçamento de despesas é formado pela junção de três tipos de despesas específicas de uma empresa (administrativas, comerciais e financeiras). As despesas administrativas são analisadas de acordo com a estrutura administrativa da empresa. As despesas comerciais compreendem a estrutura de vendas, destacando-se as comissões como uma parte variável importante dessas despesas. Por fim, as despesas financeiras são elaboradas de acordo com o planejamento financeiro, em que se analisa a necessidade real de caixa da empresa, que servirá de base para viabilizar a execução de todas as outras peças orçamentárias. A seguir, no Quadro 6.7, apresentamos uma estrutura simplificada do orçamento de despesas.

Quadro 6.7 – Estrutura básica do orçamento de despesas

	1º trimestre	2º trimestre	3º trimestre	4º trimestre
Produção do período				
× Comissão unitária				
= **Total variável**				
Salários				
Marketing				
Depreciação				
Seguros				
Viagens				
= **Total fixo**				
= **Total de despesas**				

O planejamento econômico reflete basicamente todas as questões operacionais do planejamento orçamentário da empresa, mas deve ser complementado diretamente com as determinações do planejamento financeiro.

6.2.2 Planejamento orçamentário financeiro

O planejamento orçamentário financeiro consiste na elaboração das peças orçamentárias que influenciam diretamente o caixa da empresa, demonstrando as entradas e as saídas de dinheiro em todo o planejamento do orçamento. Esse planejamento busca possibilitar a obtenção de todas as informações de necessidade ou de disponibilidade dos recursos financeiros, facilitando o processo de tomada de decisões, de acordo com os fatores que englobam o gerenciamento do caixa da empresa. Basicamente são duas as peças orçamentárias que compõem o planejamento financeiro do orçamento empresarial:

1. **Demonstrativo do Resultado do Exercício Projetado**: Nada mais é do que a projeção do resultado da empresa de acordo com todas as peças orçamentárias do planejamento econômico. Segue exatamente a mesma estrutura da DRE normal, mas com um enfoque direto em projeções. A seguir, no Quadro 6.8, apresentamos uma estrutura simplificada do Demonstrativo do Resultado do Exercício Projetado.

Quadro 6.8 – Demonstrativo do Resultado do Exercício Projetado

	1º trimestre	2º trimestre	3º trimestre	4º trimestre
Receita Bruta				
(–) Deduções da Receita				
= Receita Líquida				

(continua)

(Quadro 6.8 – conclusão)

	1º trimestre	2º trimestre	3º trimestre	4º trimestre
(–) Custo dos Produtos Vendidos				
MP				
MOD				
CIF				
= Lucro Bruto				
(–) Despesas Operacionais				
= Lucro Operacional				
(–) IRPJ – 15%				
(–) CSLL – 9%				
= Lucro Líquido				

2. **Orçamento de caixa**: Nada mais é do que a representação do fluxo de caixa do orçamento, que é obtido de acordo com as informações fornecidas pelas projeções das contas a pagar e a receber, das aplicações e dos empréstimos. Nessa peça orçamentária, podemos visualizar a sobra de dinheiro ao final do período, ou a falta dele, demonstrando, assim, a viabilidade da execução das demais peças orçamentárias que compõem o orçamento da empresa. A análise das contas a pagar consiste simplesmente na conversão das despesas já verificadas no planejamento econômico, mas sob a perspectiva do regime de caixa, apontando os pagamentos nas datas respectivas em que são efetuados. A análise das contas a receber também consiste na conversão das receitas para o regime de caixa, prevendo todos os recebimentos na data em que se prevê a entrada de dinheiro no caixa da empresa. A seguir, no Quadro 6.9, apresentamos uma estrutura simplificada do orçamento de caixa.

Quadro 6.9 – Estrutura básica do orçamento de caixa

	1º trimestre	2º trimestre	3º trimestre	4º trimestre
Saldo inicial de caixa				
+ Total das entradas de caixa				
Recebimento do 4º T – Xo				
Recebimento do 1º T – X1				
Recebimento do 2º T – X1				
Recebimento do 3º T – X1				
Recebimento do 4º T – X1				
+ Total das saídas de caixa				
Fornecedores				
Salários				
Comissões				
Marketing				
Seguros				
Viagens				
Tributos				
IRPJ e CSSL				
Investimentos				
= Saldo final (+/–)				

De forma geral, no planejamento financeiro do orçamento, o administrador financeiro deve tentar movimentar com facilidade as sobras de caixa que ficam paradas em uma conta corrente no banco. Se uma empresa optar por efetivar uma reserva financeira para uma provável expansão, como a compra de um equipamento ou até mesmo a compra de uma outra empresa, o excesso de caixa normalmente deverá ser investido em algum tipo de aplicação financeira.

6.2.3 Exemplo prático de plano orçamentário

Para melhorar a compreensão acerca do planejamento orçamentário, vamos estruturar um modelo prático. A primeira atividade a ser desenvolvida é a determinação das premissas orçamentárias que irão balizar todo o orçamento, conforme já definimos anteriormente.

As premissas orçamentárias definidas pela empresa para o planejamento orçamentário do próximo ano, separado em quatro trimestres, são as seguintes:

- De acordo com as tendências de mercado analisadas e, ainda, por meio da análise de algumas variáveis internas, a empresa estima o preço dos seus produtos e as quantidades a serem produzidas, como demonstrado na Tabela 6.1.

Tabela 6.1 – Preços e quantidades a serem produzidas

	1º trimestre	2º trimestre	3º trimestre	4º trimestre
Unidades	13.000	16.000	16.000	15.000
Preço de venda	R$ 60,52	R$ 61,55	R$ 61,55	R$ 60,52

- O total percentual de todos os tributos incidentes sobre a venda corresponde a 25% da receita bruta. Para tentar efetivar a venda da quantidade estimada de unidades, a empresa decide conceder crédito a seus clientes na forma de vendas a prazo, sendo 75% dos recebimentos no próprio trimestre e deixando o restante para o próximo trimestre. Como a empresa já está em funcionamento, alguns saldos do período anterior devem ser levados em consideração, sendo um deles o saldo das contas a receber do período anterior, que é de R$ 50.000.

- Historicamente a empresa tem uma política de estocagem, sendo uma parte da produção reservada na expectativa de atender a algumas necessidades nos trimestres de demanda maior. Assim, a empresa projeta um estoque de segurança para o trimestre seguinte, em que é estimada uma necessidade de 750 unidades para os trimestres de alta demanda (2º e 3º trimestres) e de 500 unidades para os trimestres de baixa demanda (1º e 4º trimestres). O estoque inicial do 1º trimestre e o final do 4º trimestre são de 500 unidades.

- A empresa ainda estabelece uma política de estoque e compra de matéria-prima bem específica. Cada unidade a ser fabricada no período consome 3 kg de material direto, e os fornecedores asseguram que não haverá nenhuma alteração de preço ao longo do período, custando esses materiais, unitariamente, R$ 3,40 o quilo no período. A empresa estima uma necessidade maior de matéria-prima nos dois trimestres iniciais (2.000 kg) e de 500 kg para os demais. O estoque inicial e final de matéria-prima é de 500 kg.

- Para a fabricação de cada unidade, são necessários 30 minutos de operação (0,50/hora) da mão de obra direta. O custo médio da mão de obra direta projetada para o período é de R$ 12,70 por funcionário alocado diretamente na área operacional da empresa.

- De acordo com uma análise histórica, a empresa estima os custos indiretos de fabricação mostrados na Tabela 6.2.

Tabela 6.2 – Custos indiretos de fabricação

	1º trimestre	2º trimestre	3º trimestre	4º trimestre
Custo unitário dos Materiais Indiretos	R$ 1,02	R$ 1,02	R$ 1,02	R$ 1,02
Custo unitário da Mão de Obra Indireta	R$ 1,90	R$ 1,90	R$ 1,90	R$ 1,90
Custos fixos	R$ 16.825,00	R$ 16.825,00	R$ 16.825,00	R$ 16.825,00

- A empresa, historicamente, paga um percentual de comissão sobre as vendas para os seus vendedores, mas para esse planejamento orçamentário foi decidido não mais se adotar um percentual sobre as vendas, mas um valor fixo para cada produto vendido, determinando-se, assim, R$ 16,00 para cada produto. Todas as outras despesas são fixas, de acordo com a análise histórica demonstrada na Tabela 6.3.

Tabela 6.3 – Despesas fixas

	1º trimestre	2º trimestre	3º trimestre	4º trimestre
Salários	R$ 10.725,00	R$ 10.725,00	R$ 10.725,00	R$ 10.725,00
Marketing	R$ 15.000,00	R$ 15.000,00	R$ 15.000,00	R$ 15.000,00
Seguros	R$ 1.000,00	R$ 1.000,00	R$ 1.000,00	R$ 1.000,00
Viagens	R$ 5.000,00	R$ 5.000,00	R$ 5.000,00	R$ 5.000,00

- Para poder atender a algumas questões operacionais específicas, entre elas a sazonalidade das suas vendas, a empresa decide que irá fazer um investimento operacional a cada trimestre, sendo R$ 40.000,00 nos dos primeiros trimestres do ano e R$ 70.000,00 nos dois últimos. Ainda, a empresa, no final do ano anterior, ficou com um total de R$ 7.500,00 no seu caixa. Em relação aos tributos sobre a renda, a empresa se enquadra no IRPJ (Imposto de Renda da Pessoa Jurídica) com uma alíquota de 15% direta e na CSLL (Contribuição Social sobre o Lucro Líquido) com uma alíquota de 9% sobre o lucro operacional do período.

Aplicando todas as premissas orçamentárias em cada uma das peças que vimos há pouco, a empresa chegou ao planejamento que vemos na Tabela 6.4 para cada um dos próximos trimestres.

Tabela 6.4 – Orçamento de vendas

	1º trimestre	2º trimestre	3º trimestre	4º trimestre
Unidades	13.000	16.000	16.000	15.000
× Preço de venda	R$ 60,52	R$ 61,55	R$ 61,55	R$ 60,52
= Receita bruta	R$ 786.760,00	R$ 984.800,00	R$ 984.800,00	R$ 907.800,00
(–) % de tributos s/ a receita	R$ (196.690,00)	R$ (246.200,00)	R$ (246.200,00)	R$ (226.950,00)
= Receita líquida	R$ 590.070,00	R$ 738.600,00	R$ 738.600,00	R$ 680.850,00

De acordo com a projeção de vendas para o próximo ano, a empresa planeja vender 60.000 dos seus produtos, o que irá acabar gerando uma receita bruta de R$ 3.664.160,00 ao final do ano.

Agora observe a Tabela 6.5.

Tabela 6.5 – Orçamento de produção

	1º trimestre	2º trimestre	3º trimestre	4º trimestre
Vendas (unidades)	13.000	16.000	16.000	15.000
+ Política de estocagem	500	750	750	500
= Unidades a fabricar	13.500	16.750	16.750	15.500
(–) Estoque inicial	500	500	750	750
= Produção do período	13.000	16.250	16.000	14.750

Vemos que, para atender à projeção de vendas e à política de estocagem previamente estabelecida em uma das premissas orçamentárias, a empresa terá de fabricar as mesmas 60.000 unidades, mas sempre manterá um estoque de segurança de 500 unidades para qualquer eventualidade que possa surgir.

Tabela 6.6 – Orçamento de custos de matéria-prima

	1º trimestre	2º trimestre	3º trimestre	4º trimestre
Produção do período	13.000	16.250	16.000	14.750
× kg matéria-prima (unidade)	3	3	3	3
= Matéria-prima necessária	39.000	48.750	48.000	44.250
+ Política de estocagem	2.000	2.000	500	500
= Total de matéria-prima	41.000	50.750	48.500	44.750
(−) Estoque inicial	500	2.000	2.000	500
= Compra de matéria-prima	40.500	48.750	46.500	44.250
× Preço por kg	R$ 3,40	R$ 3,40	R$ 3,40	R$ 3,40
= Custo total de matéria-prima	R$ 137.700,00	R$ 165.750,00	R$ 158.100,00	R$ 150.450,00

Já pelo que podemos entender pela Tabela 6.6, deverão ser comprados 180.000 kg de matéria-prima para que a empresa possa fabricar os 60.000 produtos planejados. No final do ano, a empresa planeja gastar R$ 612.000,00 com a compra de matéria-prima.

Tabela 6.7 – Orçamento de custos de mão de obra direta

	1º trimestre	2º trimestre	3º trimestre	4º trimestre
Produção do período	13.000	16.250	16.000	14.750
× Tempo de fabricação (horas)	0,50	0,50	0,50	0,50
= Necessidade total de horas	6.500	8.125	8.000	7.375

(continua)

(Tabela 6.7 – conclusão)

	1º trimestre	2º trimestre	3º trimestre	4º trimestre
× Custo da hora p/ empregado	R$ 12,70	R$ 12,70	R$ 12,70	R$ 12,70
= Custo total da Mão de Obra Direta	R$ 82.550,00	R$ 103.187,50	R$ 101.600,00	R$ 93.662,50

A Tabela 6.7 nos mostra que serão gastas 30.000 horas para que a empresa possa produzir os 60.000 produtos planejados, o que irá custar-lhe R$ 381.000,00 até o final do ano.

Tabela 6.8 – Orçamento de custos indiretos de fabricação

	1º trimestre	2º trimestre	3º trimestre	4º trimestre
Produção do período	13.000	16.250	16.00	14.750
× Custo unitário dos materiais indiretos	R$ 1,02	R$ 1,02	R$ 1,02	R$ 1,02
= Total de materiais indiretos	R$ 13.260,00	R$ 16.575,00	R$ 16.320,00	R$ 15.045,00
Produção do período	13.000	16.250	16.000	14.750
× Custo unitário da mão de obra indireta	R$ 1,90	R$ 1,90	R$ 1,90	R$ 1,90
= Mão de obra indireta	R$ 24.700,00	R$ 30.875,00	R$ 30.400,00	R$ 28.025,00
+ Custos fixos	R$ 16.825,00	R$ 16.825,00	R$ 16.825,00	R$ 16.825,00
= Total dos custos indiretos de fabricação	R$ 54.785,00	R$ 64.275,00	R$ 63.545,00	R$ 59.895,00

Pela Tabela 6.8, vemos que os custos indiretos de fabricação, no total do ano, somarão R$ 242.500,00, sendo 25% deste total referentes a materiais indiretos, 47% a mão de obra indireta e 28% a custos fixos.

Tabela 6.9 – Orçamento de despesa

	1º trimestre	2º trimestre	3º trimestre	4º trimestre
Produção do período	13.000	16.000	16.000	15.000
× Comissão unitária	R$ 16,00	R$ 16,00	R$ 16,00	R$ 16,00
= Total das despesas variáveis	R$ 208.000,00	R$ 256.000,00	R$ 256.000,00	R$ 240.000,00
Salários	R$ 10.725,00	R$ 10.725,00	R$ 10.725,00	R$ 10.725,00
Marketing	R$ 15.000,00	R$ 15.000,00	R$ 15.000,00	R$ 15.000,00
Seguros	R$ 1.000,00	R$ 1.000,00	R$ 1.000,00	R$ 1.000,00
Viagens	R$ 5.000,00	R$ 5.000,00	R$ 5.000,00	R$ 5.000,00
= Total das despesas fixas	R$ 31.725,00	R$ 31.725,00	R$ 31.725,00	R$ 31.725,00
= Total das despesas	R$ 239.725,00	R$ 287.725,00	R$ 287.725,00	R$ 271.725,00

A Tabela 6.9 nos informa que as despesas totais dessa projeção orçamentária somam R$ 1.089.900,00, sendo R$ 960.000,00 referentes a despesas variáveis e R$ 126.900,00 a despesas fixas.

Tabela 6.10 – Demonstrativo do Resultado do Exercício Projetado

	1º trimestre	2º trimestre	3º trimestre	4º trimestre
Receita Bruta	R$ 786.760,00	R$ 984.800,00	R$ 984.800,00	R$ 907.800,00
(–) Deduções da Receita	R$ (196.690,00)	R$ (246.200,00)	R$ (246.200,00)	R$ (226.950,00)
= Receita Líquida	**R$ 590.070,00**	**R$ 738.600,00**	**R$ 738.600,00**	**R$ 680.850,00**
(–) Custo dos Produtos Vendidos	R$ (275.035,00)	R$ (333.212,50)	R$ (323.245,00)	R$ (304.007,50)
MP	R$ (137.700,00)	R$ (165.750,00)	R$ (158.100,00)	R$ (150.450,00)
MOD	R$ (82.550,00)	R$ (103.187,50)	R$ (101.600,00)	R$ (93.662,50)
CIF	R$ (54.785,00)	R$ (64.275,00)	R$ (63.545,00)	R$ (59.895,00)
= Lucro Bruto	**R$ 315.035,00**	**R$ 405.387,50**	**R$ 415.355,00**	**R$ 376.842,50**
(–) Despesas Operacionais	R$ 239.725,00	R$ 287.725,00	R$ 287.725,00	R$ 271.725,00

(continua)

(Tabela 6.10 – conclusão)

	1º trimestre	2º trimestre	3º trimestre	4º trimestre
= Lucro Operacional	R$ 75.310,00	R$ 117.662,50	R$ 127.630,00	R$ 105.117,50
(–) IRPJ – 15%	R$ (11.296,50)	R$ (17.649,38)	R$ (19.144,50)	R$ (15.767,63)
(–) CSLL – 9%	R$ (6.777,90)	R$ (10.589,63)	R$ (11.486,70)	R$ (9.460,58)
= Lucro Líquido	R$ 57.235,60	R$ 89.423,50	R$ 96.998,80	R$ 79.889,30

Conforme a Tabela 6.10, o lucro projetado para o final do período será de R$ 323.547,20, o que representa uma margem líquida aproximada de 12%, demonstrando que a empresa conseguirá, de acordo com todas as peças do planejamento orçamentário econômico, apresentar um resultado positivo ao final do ano analisado e projetado.

Tabela 6.11 – Orçamento de caixa

	1º trimestre	2º trimestre	3º trimestre	4º trimestre
Saldo inicial de caixa	R$ 7.500,00	R$ 92.810,00	R$ 152.398,10	R$ 181.789,10
+ Total das entradas de caixa	R$ 640.070,00	R$ 935.290,00	R$ 984.800,00	R$ 927.050,00
Recebimento do 4º T – X0	R$ 50.00,00	R$ –	R$ –	R$ –
Recebimento do 1º T – X1	R$ 590.070,00	R$ 196.690,00	R$ –	R$ –
Recebimento do 2º T – X1	R$ –	R$ 738.600,00	R$ 246.200,00	R$ –
Recebimento do 3º T – X1	R$ –	R$ –	R$ 738.600,00	R$ 246.200,00
Recebimento do 4º T – X1	R$ –	R$ –	R$ –	R$ 680.850,00
+ Total das saídas de caixa	R$ (554.760,00)	R$ (875.701,90)	R$ (955.409,00)	R$ (922.563,70)
Fornecedores	R$ (192.485,00)	R$ (230.025,00)	R$ (221.645,00)	R$ (210.345,00)
Salários	R$ (93.275,00)	R$ (113.912,50)	R$ (112.325,00)	R$ (104.387,50)
Comissões	R$ (208.000,00)	R$ (256.000,00)	R$ (256.000,00)	R$ (240.000,00)

(continua)

(Tabela 6.11 – conclusão)

	1º trimestre	2º trimestre	3º trimestre	4º trimestre
Marketing	R$ (15.000,00)	R$ (15.000,00)	R$ (15.000,00)	R$ (15.000,00)
Seguros	R$ (1.000,00)	R$ (1.000,00)	R$ (1.000,00)	R$ (1.000,00)
Viagens	R$ (5.000,00)	R$ (5.000,00)	R$ (5.000,00)	R$ (5.000,00)
Tributos	R$ –	R$ (196.690,00)	R$ (246.200,00)	R$ (246.200,00)
IRPJ e CSSL	R$ –	R$ (18.074,40)	R$ (28.239,00)	R$ (30.631,20)
Investimentos	R$ (40.000,00)	R$ (40.000,00)	R$ (70.000,00)	R$ (70.00,00)
= Saldo final (+/–)	R$ 92.810,00	R$ 152.398,10	R$ 181.789,10	R$ 186.275,40

Mesmo com a projeção de investir R$ 220.000,00 ao longo do ano, a empresa apresentará um saldo final de caixa projetado de R$ 186.275,40, como vemos na Tabela 6.11. Esse saldo positivo representa que, se tudo correr de acordo com o planejado, ao final do período, a empresa conseguirá atender aos seus objetivos orçamentários.

Após o desenvolvimento do orçamento, este deve ser acompanhado e medido até o fim do período projetado. Para isso, algumas atividades de controle se fazem necessárias.

6.3 Controle orçamentário

Após a fase de execução do orçamento em questão e operacionalizados todos os planos por meio das peças orçamentárias, é necessário que tudo seja monitorado e controlado. O monitoramento do orçamento é considerado a fase pós-realização de todas as atividades planejadas no planejamento econômico e financeiro. O controle do orçamento, de acordo com Souza (2013, p. 240), pode ser realizado de acordo com três critérios mais aprofundados:

1. avaliação do desempenho da receita mensal em comparação com a receita orçada;
2. avaliação mensal dos gastos realizados em comparação com os gastos previstos no orçamento;
3. avaliação de como o resultado final foi afetado por eventuais variações.

O controle orçamentário é realizado por meio da análise de vários relatórios que apresentam as informações do orçamento em relação ao que efetivamente foi realizado. Isso deve ser feito de uma forma estruturada, que irá permitir a avaliação dos aspectos abordados no planejamento orçamentário, comparando-se período a período o que foi projetado com o que foi realizado e apurando-se, no final, os desvios que aconteceram. Como ocorre normalmente, no controle orçamentário, os relatórios podem ser obtidos em diversos níveis do orçamento.

6.3.1 Orçamento previsto *versus* orçamento realizado

Vamos verificar as características de alguns dos principais relatórios do controle orçamentário:

- **Relatório de controle mensal da DRE**: Com base nesse relatório, podemos verificar se o desempenho que foi projetado no orçamento da DRE foi alcançado e, se isso não aconteceu, determinar o que está impedindo que esse desempenho seja alcançado.
- **Relatório de controle mensal do orçamento de caixa**: É o relatório que controla, período a período, o fluxo de caixa realizado em relação ao fluxo de caixa projetado, apresentando as variações existentes no período.

- **Relatório de controle mensal do desempenho financeiro:** Para muitas empresas, esse relatório é considerado um dos mais importantes no controle orçamentário, pois permite a visualização de todo o processo de formação do lucro da empresa.

- **Relatório do orçamento anual das vendas:** Nesse relatório, é feita a decomposição do faturamento projetado da empresa, período a período, produto por produto, indicando-se as quantidades que se projeta vender, os preços unitários e o faturamento projetado.

- **Relatório de acompanhamento mensal do faturamento:** Esse relatório compara, período a período, as vendas projetadas com as vendas efetivamente realizadas, de acordo com o orçamento de vendas. O relatório de acompanhamento mensal do faturamento pode avaliar qual é o impacto da variável que atua sobre os resultados das vendas, identificando, por exemplo, o quanto as quantidades vendidas e os preços de venda influenciaram nas variações ocorridas entre o faturamento e comparando o projetado com o realizado.

Todas as peças orçamentárias que compõem o orçamento são úteis para o processo de controle, pois fomentam a comunicação e, como consequência imediata, a coordenação geral de toda a empresa por meio do planejamento orçamentário. O orçamento também é muito útil no processo de controle porque acaba indicando um determinado padrão de avaliação do desempenho empresarial.

Precisamos ter em mente que o orçamento pode ser usado tanto para o planejamento quanto para a avaliação do desempenho.

Estudo de caso

Veremos uma matéria publicada pelo Conselho Federal de Administração para ilustrar o que vimos no capítulo.

PLANEJAMENTO ORÇAMENTÁRIO NO BRASIL

O QUE É E COMO FUNCIONA O PLANEJAMENTO DE POLÍTICAS PÚBLICAS

As peças de planejamento são instrumentos vitais para o funcionamento da democracia, mas dependem sobretudo de participação ativa da sociedade para o sucesso dos programas de governo da cidadania.

Sabe-se que na administração pública só é permitido fazer o que está autorizado por lei, e na administração privada tudo é permitido fazer desde que não exista lei que o proíba. Por isso, o planejamento orçamentário no Brasil só existe através da aprovação e execução das seguintes leis: Plano Plurianual (PPA), Lei de Diretrizes Orçamentárias (LDO) e Lei Orçamentária Anual (LOA) nas três esferas de governo (federal, estadual e municipal).

No pleito eleitoral, o plano de governo apresentado pelo candidato eleito serve como base na elaboração do PPA, e consequentemente da LDO e da LOA.

O PPA (nível estratégico) possui atuação do segundo ano de mandato do Chefe do Poder Executivo até o primeiro ano do próximo mandato, isso ocorre para evitar rupturas bruscas de programas de governo, que poderiam causar prejuízos aos investimentos e a qualidade dos serviços públicos prestados na mudança do representante eleito ao referido cargo.

O PPA, portanto, é dotado de todos os programas de governo para os próximos quatro anos, contendo projetos, atividades e operações especiais, com objetivos, justificativas, metas, indicadores e custos das ações de governo, além das suas fontes de financiamento com a previsão de receitas a serem arrecadadas, respeitando sempre o princípio do equilíbrio orçamentário e as demais regras vigentes da Lei 4.320/64, CF/88 e LRF/2000.

Assim, anualmente o PPA serve como base para a elaboração da LDO (nível tático) e da LOA (nível operacional), contendo as metas de governo e o detalhamento delas em receitas e despesas respectivamente, representando o planejamento ajustado para o exercício seguinte, de acordo com o cenário atual da economia.

Importante lembrar que no processo todo, desde a elaboração e discussão, até a prestação de contas do orçamento, a Lei de Responsabilidade Fiscal assegura a participação popular através da obrigatoriedade da realização de audiências públicas, pelos artigos 48 e 9º respectivamente.

Desta forma, a sociedade escolhe o melhor plano de governo apresentado nas eleições, fiscaliza a inserção dos programas na elaboração do PPA e da LDO, verifica a execução das ações de governo na LOA, e julga as prestações de contas apresentadas, aprovando ou não as políticas públicas adotadas pelo governo, no próximo pleito eleitoral.

Portanto, os instrumentos de planejamento de políticas públicas já existem, no entanto percebe-se que os fóruns de audiências públicas citados geralmente são marcados pelo debate político entre situação e oposição do governo, sem a presença ou o acompanhamento da sociedade em geral, que deveria ser justamente a parte mais interessada e ativa neste poderoso processo de democracia.

> Portanto, os instrumentos de planejamento de políticas públicas já existem, no entanto percebe-se que os fóruns de audiências públicas citados geralmente são marcados pelo debate político entre situação e oposição do governo, sem a presença ou o acompanhamento da sociedade em geral, que deveria ser justamente a parte mais interessada e ativa neste poderoso processo de democracia.
>
> Talvez o atual cenário de descontentamento da população com a política, traga a sociedade as audiências públicas para exercer o seu direito, e principalmente, o seu dever supremo, afinal não basta reclamar é preciso participar.

Fonte: Kawazaki, 2015.

Síntese

O planejamento orçamentário é considerado como a primeira necessidade gerencial de uma empresa e pode ser interpretado como o melhor instrumento para se colocar em prática uma das nuanças do planejamento e da análise financeira. Ele tem um enfoque direto com a gestão econômico-financeira, que tem como característica a busca constante da otimização dos resultados futuros da empresa.

O orçamento, como a maioria das técnicas ou ferramentas de planejamento, tem de estar vinculado diretamente com o planejamento estratégico da organização. Além disso, o plano orçamentário deve envolver todos os tomadores de decisão da empresa e, para que seja realmente eficiente e eficaz, deve ser estruturado de acordo com alguns conceitos que sejam aderentes à cultura organizacional da empresa executora.

A base do orçamento é o processo de planejamento e de controle, interpretado como uma ferramenta de controle por excelência, envolvendo todo o processo operacional da corporação. Dessa forma, o planejamento orçamentário deve abranger todos os dados que servirão para nortear as peças orçamentárias, que serão baseadas nas premissas que são definidas com antecedência.

O orçamento geral, composto de várias peças orçamentárias, fornece uma ideia muito clara de como os orçamentos serão utilizados ao longo desse processo de planejamento. Além disso, o orçamento geral serve como uma ferramenta de comunicação das metas da empresa, coordenando as diversas atividades executadas. Conforme observamos, o orçamento facilita o controle das operações, sugerindo, quando bem planejado e controlado, novos rumos a serem seguidos.

Exercícios resolvidos

1. Qual das seguintes afirmativas sobre orçamento é **falsa**?
    a) É a junção de vários documentos formais que quantificam os planos da empresa.
    b) Fomenta a comunicação e a coordenação financeira da empresa.
    c) É útil somente para planejamento, não servindo para controle.
    d) Fornece uma base para avaliação de desempenho financeiro da empresa.
    e) Fornece uma base para avaliação de desempenho econômico da empresa.

    Resolução:

    c. O orçamento é uma ferramenta muito útil tanto para o processo de planejamento quanto para o processo de controle de todas as atividades da empresa – operacionais, econômicas e financeiras.

2. Indique se as afirmações a seguir são verdadeiras (V) ou falsas (F):

   ( ) Orçamento nada mais é do que colocar na frente aquilo que aconteceu há muitos anos.

   ( ) Orçar significa processar todos os dados constantes do sistema de informação contábil de hoje, introduzindo os dados previstos para o próximo exercício e considerando as alterações já definidas para ele.

   ( ) O conjunto das peças orçamentárias será utilizado para o processo de projeções e planejamento, permitindo até mesmo estudos para períodos posteriores.

   ( ) Para haver uma gestão adequada das etapas do planejamento orçamentário, somente o *controller* e o comitê orçamentário devem ser ouvidos.

   ( ) O orçamento deve estar totalmente integrado com a cultura empresarial.

   Resolução:

   F – V – V – F – V

Questões para revisão

1. (CFC/Exame de Suficiência – 2011) Uma empresa apresenta seu orçamento de produção estimado para 2012, com um total de vendas de 1.485.000 unidades; um estoque estimado no início do ano de 412.500 unidades; e um estoque desejado no final do ano de 294.000 unidades. A produção anual total indicada no orçamento de produção em unidades será de:
   a) 778.500 unidades.
   b) 1.366.500 unidades.
   c) 1.603.500 unidades.
   d) 2.191.500 unidades.

2. (CFC/Exame de Suficiência – 2011) Uma determinada sociedade, entendendo que o Controle Orçamentário é uma das etapas fundamentais para o gerenciamento das suas atividades, está motivando os gestores a elaborarem e acompanharem os orçamentos de suas áreas para que eles possam participar efetivamente de todas as etapas orçamentárias.

Os itens a seguir apresentam justificativas que a Controladoria, na função de gerenciamento do sistema de informações gerenciais, poderia apresentar para reforçar o intuito da organização.

Com relação às alternativas que poderiam ser utilizadas pela Controladoria como argumentos, julgue os itens abaixo e, em seguida, assinale a opção CORRETA.

I. A elaboração do orçamento e o controle orçamentário proporcionam informações e condições para que os gestores da estrutura organizacional da entidade possam entender os resultados obtidos, conhecer as variações favoráveis e desfavoráveis dos eventos em comparação com o que foi previsto.

II. A elaboração do orçamento e o controle orçamentário têm como objetivo proporcionar informações e condições para que os gestores da estrutura organizacional da entidade possam buscar e encontrar os culpados pelos desvios, contribuindo para identificar o perfil operacional de seus recursos humanos.

III. A elaboração do orçamento e o controle orçamentário permitem que os gestores tenham condições de questionar as variações em termos de causa e efeito e permite reprogramar o planejamento da entidade.

Estão certos os itens:

a) I e II, apenas.
b) I e III, apenas.

c) II e III, apenas.
d) I, II e III.

3. São vários os relatórios que podem ser gerados por uma empresa para realizar seu controle orçamentário. Entre eles se destacam os seguintes:
   a) relatório de controle mensal da DRE;
   b) relatório de controle mensal do orçamento de caixa;
   c) relatório de controle mensal do desempenho financeiro;
   d) relatório do orçamento anual das vendas;
   e) relatório de acompanhamento mensal do faturamento

   De acordo com as definições a seguir, relacione cada tipo de relatório com sua real característica:
   ( ) Permite a visualização de todo o processo de formação do lucro da empresa.
   ( ) Verifica se o desempenho que foi projetado no orçamento no Demonstrativo do Resultado do Exercício foi alcançado.
   ( ) Compara as vendas projetadas com as vendas efetivamente realizadas, de acordo com o orçamento de vendas.
   ( ) Controla o fluxo de caixa realizado em relação ao fluxo de caixa projetado, apresentando as variações existentes no período.
   ( ) Decompõe o faturamento projetado da empresa, indicando as quantidades que se projeta vender, seus preços unitários e seu faturamento projetado.

4. Cite alguns princípios gerais do planejamento orçamentário, os quais balizam todo o desenvolvimento dessa ferramenta e contribuem para o sucesso de tudo o que for realizado dentro da empresa em relação ao orçamento.

5. Todo e qualquer planejamento orçamentário tem de estar integrado com os planejamentos estratégico e gerencial da empresa. Porém, para que se alcance o sucesso esperado, esse processo tem de ser integrado e acompanhado constantemente. Assim, quais são algumas das questões que devem ser levadas em consideração nessa integração?

Saiba mais

Por mais que não tenhamos tratado especificamente do planejamento orçamentário de organismos do governo, acesse o documento indicado a seguir e saiba um pouco mais sobre esse assunto.

BRASIL. Ministério do Planejamento, Orçamento e Gestão. **Processo orçamentário**: conceitos e procedimentos. nov. 2009. Disponível em: <http://www.planejamento.gov.br/secretarias/upload/Arquivos/dest/curso_gestao_projetos/processo_orcamentario_conceitos_procedimentos.pdf>. Acesso em: 17 nov. 2015.

Perguntas & respostas

1. **Para que serve efetivamente o orçamento para uma empresa?**

   Resposta: O orçamento serve diretamente como um elo entre a atuação da empresa a curto prazo e sua estratégia, refletindo os primeiros passos da empresa na direção de seus objetivos, principalmente os de longo prazo.

2. **Cite ao menos três vantagens do planejamento orçamentário.**

   Resposta: Desenvolvimento da sofisticação da administração em seu uso; elaboração de um plano (orçamento) realista de vendas; estabelecimento de objetivos e padrões realistas.

3. Cite ao menos três desvantagens do planejamento orçamentário.

Resposta: O plano de resultados baseia-se em estimativas; um programa de planejamento e controle de resultados deve ser permanentemente adaptado às circunstâncias existentes; a execução de um plano de resultados não é automática.

Consultando a legislação

Quando tratamos única e exclusivamente das finanças em uma empresa, são poucas as legislações que devem ser consultadas, pois, conforme verificamos, cada empresa irá adotar alguns critérios próprios de planejamento, execução e controle financeiro. Porém, não podemos nos esquecer de que a área financeira está intimamente ligada com a contabilidade e que a contabilidade, esta sim, é totalmente regida por uma legislação bem específica: a Lei n. 6.404, de 15 de dezembro de 1976, e sua mais importante alteração, a Lei n. 11.638, de 28 de dezembro de 2007.

Para consultar essas duas leis, acesse os *links* indicados a seguir.

BRASIL. Lei n. 6.404, de 15 de dezembro de 1976. **Diário Oficial da União**, Poder Legislativo, Brasília, DF, 17 dez. 1976. Disponível em: <http://www.planalto.gov.br/ccivil_03/LEIS/L6404consol.htm>. Acesso em: 17 nov. 2015.

BRASIL. Lei n. 11.638, de 28 de dezembro de 2007. **Diário Oficial da União**, Poder Legislativo, Brasília, DF, 9 jan. 2008. Disponível em: <http://www.planalto.gov.br/ccivil_03/_ato2007-2010/2007/lei/l11638.htm>. Acesso em: 17 nov. 2015.

Para concluir...

Neste livro, abordamos o planejamento financeiro por uma visão um tanto quanto diferenciada, com um enfoque mais prático, voltado à aplicação em uma empresa, ligando determinados conceitos a ferramentas e técnicas, em uma sistemática que procura facilitar o entendimento dos principais conceitos deste vasto universo que é o estudo das finanças empresariais.

O objetivo inicial foi o de nos concentrarmos nos conhecimentos que servem como base para o administrador financeiro no processo decisório da empresa, sempre considerando as finanças como uma das decisões mais importantes na gestão da empresa e analisando o ambiente dos negócios, que a cada dia é mais complexo.

Sabemos perfeitamente que a bibliografia em finanças no Brasil é muito vasta, com vários livros sobre questões específicas, e que cada uma dessas obras tem algo a nos ensinar, sempre. Podemos afirmar que *Elementos estruturais do planejamento financeiro* não é somente mais um livro nesse universo, mas uma obra que poderá perfeitamente ser utilizada de maneira mais prática, pois sua estrutura quebra alguns paradigmas estabelecidos ao longo de muitos anos no ensino das finanças.

Entendemos ainda que, por meio da abordagem e dos propósitos apresentados, o profissional que atua na área financeira será capaz de interpretar os resultados econômicos de uma empresa de forma facilitada, compreendendo o relacionamento das finanças em todas as suas possibilidades e contribuindo, dessa forma, para uma melhoria do processo de tomada de decisão.

Esperamos que você, seja por questões profissionais, seja por interesse pessoal, se aprofunde um pouco mais no mundo financeiro, procurando entender mais sobre essa área que, de uma forma ou de outra, comanda todas as ações empresariais.

Lista de siglas

AC	Ativo Circulante
AH	Análise horizontal
ANC	Ativo Não Circulante
AV	Análise vertical
Bacen	Banco Central do Brasil
BNDES	Banco Nacional de Desenvolvimento Econômico e Social
BP	Balanço Patrimonial
CDI	Certificado de Depósito Interfinanceiro
CE	Ciclo econômico
CEnd	Composição do endividamento
CEF	Caixa Econômica Federal
Cetip	Central de Custódia e de Liquidação Financeira de Títulos
CF	Ciclo financeiro

CGL	Capital de giro líquido
CJ	Cobertura de juros
CMN	Conselho Monetário Nacional
CNPC	Conselho Nacional de Previdência Complementar
CNSP	Conselho Nacional de Seguros Privados
CO	Ciclo operacional
CSLL	Contribuição Social sobre o Lucro Líquido
CVM	Comissão de Valores Mobiliários
DFC	Demonstração dos Fluxos de Caixa
DRE	Demonstração do Resultado do Exercício
DVCR	Dias de vendas em contas a receber
DVE	Dias de vendas em estoque
ECP	Endividamento de curto prazo
EF	**Endividamento financeiro**
EG	Endividamento geral
ELP	Endividamento de longo prazo
FCA	Fluxo de caixa dos ativos
FCAc	Fluxo de caixa dos acionistas
FCC	Fluxo de caixa dos credores
FCO	Fluxo de caixa operacional
GAT	Giro do ativo total
GCR	Giro de contas a receber
GE	Giro de estoque
GLC	Gastos líquidos de capital
GPL	**Giro do patrimônio líquido**
IPL	Imobilização do patrimônio líquido
IRB	Instituto de Resseguros do Brasil
IRNC	Imobilização dos Recursos Não Correntes

IRPJ	Imposto de Renda da Pessoa Jurídica
Lair	Lucro Antes do Imposto de Renda
Lajir	Lucro Antes dos Juros e do Imposto de Renda
LC	Liquidez corrente
LG	Liquidez geral
LI	Liquidez imediata
LS	Liquidez seca
MB	Margem bruta
ML	Margem líquida
MO	Margem operacional
ONG	Organização não governamental
PC	Passivo Circulante
PCT	Participação de capital de terceiros
PNC	Passivo Não Circulante
PL	Patrimônio Líquido
PMPC	Prazo médio de pagamento de compras
PMRE	Prazo médio de renovação de estoques
PMRV	Prazo médio de recebimento de vendas
Posa	Passivo oneroso sobre o ativo
Previc	Superintendência Nacional de Previdência Complementar
ROA	Retorno do ativo
ROE	Retorno do patrimônio líquido
Selic	Sistema de Custódia de Liquidação Financeira de Títulos
SFN	Sistema Financeiro Nacional
Susep	Superintendência de Seguros Privados
ΔCGL	Variação do capital de giro líquido

Referências

ALMEIDA, J. E. F. et al. **Contabilidade das pequenas e médias empresas**. Rio de Janeiro: Elsevier, 2014.

ANDRICH, E. G.; CRUZ, J. A. W. **Gestão financeira moderna**: uma abordagem prática. Curitiba: InterSaberes, 2013.

ASSAF NETO, A.; LIMA, F. G. **Curso de administração financeira**. São Paulo: Atlas, 2014.

BAZZI, S. **Contabilidade em ação**. Curitiba: InteSaberes, 2014.

BCB – Banco Central do Brasil. **Composição e evolução do Sistema Financeiro Nacional**. Disponível em: <http://www.bcb.gov.br/?SFNCOMP>. Acesso em: 18 nov. 2015.

BLATT, A. **Análise de balanços**: estrutura e avaliação das demonstrações financeiras e contábeis. São Paulo: Makron Books, 2001.

BRUNER, R. F. **Estudo de casos em finanças**: gestão para criação de valor corporativo. Porto Alegre: Bookman, 2009.

BRUNI, A. L. **A análise contábil e financeira**. São Paulo: Atlas, 2010.

CHAGAS, G. **Contabilidade geral simplificada**. São Paulo: Saraiva, 2013.

CORNETT, M. M.; ADAIR JR, T. A.; NOFSINGER, J. **Finanças**. Tradução de R. Brian Taylor. Porto Alegre: Bookman, 2013.

CPC – Comitê de Pronunciamentos Contábeis. **Pronunciamento Técnico PME (R1)**: Contabilidade para pequenas e médias empresas. Brasília, 2009. Disponível em: <http://www.normaslegais.com.br/legislacao/CPC_PME_Pronunciamento.pdf>. Acesso em: 18 nov. 2015.

ENDEAVOR BRASIL. **O que mercado financeiro e empreendedorismo têm em comum?** Muito mais do que você imagina. 6 ago. 2015. Disponível em: <https://endeavor.org.br/mercado-financeiro/>. Acesso em: 14 jan. 2016.

FERREIRA, A. B. de H. **Dicionário Aurélio da língua portuguesa**. Curitiba: Positivo, 2010.

FREZATTI, F. **Orçamento empresarial**: planejamento e controle gerencial. São Paulo: Atlas, 2009.

GALVÃO, A. et al. **Finanças corporativas**: teoria e prática empresarial no Brasil. Rio de Janeiro: Elsevier, 2008.

GITMAN, L. J. **Princípios de administração financeira**. São Paulo: Pearson Prentice Hall, 2010.

GUIABOLSO. **O que faz um gestor financeiro?** Disponível em: <https://blog.guiabolso.com.br/2015/03/06/o-que-faz-um-gestor-financeiro-2>. Acesso em: 24 nov. 2015.

GUINDANI, A. A. et al. **Planejamento estratégico orçamentário**. Curitiba: Ibpex, 2011.

HELFERT, E. A. **Técnicas de análise financeira**. Porto Alegre: Bookman, 2004.

HIGGINS, R. C. **Análise para administração financeira**. Porto Alegre: Bookman, 2014.

HOJI, M. **Administração financeira e orçamentária**: matemática financeira aplicada, estratégias financeiras e orçamento empresarial. São Paulo: Atlas, 2014.

_____. **Administração financeira na prática**: guia para educação financeira corporativa e gestão financeira pessoal. São Paulo: Atlas, 2012.

KAWASAKI, D. T. **Planejamento orçamentário no Brasil**. 30 abr. 2015. Disponível em: <http://www.cfa.org.br/acoes-cfa/artigos/usuarios/planejamento-orcamentario-no-brasil>. Acesso em: 24 nov. 2015.

KERR, R. **Mercado financeiro e de capitais**. São Paulo: Pearson Prentice Hall, 2011.

LEMES JÚNIOR, A. B.; RIGO, C. M.; CHEROBIN, A. P. M. S. **Administração financeira**: princípios, fundamentos e práticas brasileiras. Ed. atual. Rio de Janeiro: Elsevier, 2010.

MARCOUSÉ, I.; SURRIDGE, M.; GILLESPIE, A. **Finanças**. São Paulo: Saraiva, 2013. (Série Processos Gerenciais).

MEGLIORINI, E. **Administração financeira**. São Paulo: Pearson, 2012.

OLIVEIRA, L. M.; PEREZ JUNIOR, J. H.; SILVA, C. A. dos S. **Controladoria estratégica**. São Paulo: Atlas, 2013.

PADOVEZE, C. L. **Controladoria estratégica e operacional**. São Paulo: Pioneira Thomson Learning, 2005a.

_____. **Introdução à administração financeira**. São Paulo: Pioneira Thomson Learning, 2005b.

PINHEIRO, J. L. **Mercado de capitais**: fundamentos e técnicas. São Paulo: Atlas, 2008.

SANVICENTE, A. Z.; SANTOS, C. C. **Orçamento na administração de empresas**: planejamento e controle. São Paulo: Atlas, 2013.

SOBANSKI, J. J. **Prática de orçamento empresarial**: um exercício programado. São Paulo: Atlas, 2011.

SOUZA, A. B. de. **Curso de administração financeira e orçamento**: princípios e aplicações. São Paulo: Atlas, 2013.

WELSCH, G. A. **Orçamento empresarial**. São Paulo: Atlas, 2007.

WERNKE, R. **Gestão financeira**: ênfase em aplicações e casos nacionais. São Paulo: Saraiva, 2008.

Respostas

Capítulo 1

Questões para revisão

1. c
2. c
3. e
4. Aprovação da Lei Sarbanes Oxley (SOX) nos Estados Unidos, com a finalidade de proteger os investidores após os grandes escândalos contábeis. Surgem o conceito e a necessidade de aplicação obrigatória da governança corporativa.
5. Geralmente, uma decisão de baixo risco proporciona um baixo retorno; já uma decisão de alto risco proporciona um alto retorno.

Capítulo 2

Questões para revisão

1. a
2. c
3. e
4. O Banco do Brasil e os bancos comerciais.
5. Trata-se de uma operação que tem como objetivo principal criar algumas condições específicas para que as instituições financeiras, geralmente as médias ou as pequenas, possam realizar determinadas operações de crédito. Essas operações são realizadas na forma de depósitos a prazo, em que não é necessária a emissão de um certificado, mas é exigida uma garantia especial, que é proporcionada pelo fundo garantidor de crédito da instituição, representando até R$ 20 milhões por depositante.

Capítulo 3

Questões para revisão

1. d
2. d
3. b
4. As contas do Passivo são ordenadas de uma forma decrescente de exigibilidade, ou seja, primeiro vêm as contas que vencem dentro do exercício social (Passivo Circulante) e depois as que irão vencer após o término do exercício social (Passivo Não Circulante).
5. O regime de caixa é a "sistemática de registro contábil que considera apenas os pagamentos e os recebimentos da empresa, de acordo com a data de entrada e de saída dos recursos financeiros, ou seja, somente no ato da movimentação financeira" (Bazzi, 2014, p. 175)[1]. Já o regime de competência é a "sistemática de registro

contábil que considera os fatos contábeis no momento em que ocorrem e não no momento da efetiva movimentação financeira, como ocorre no regime de caixa" (Bazzi, 2014, p. 179)[2].

Capítulo 4

Questões para revisão

1. b
2. a
3. c
4. As decisões financeiras operacionais são aquelas que impactam questões pontuais no curto prazo. Já as decisões financeiras táticas têm maior impacto na empresa e se relacionam diretamente com a política financeira. Por fim, as decisões financeiras estratégicas são as que refletem questões ligadas ao planejamento estratégico e mantêm uma ligação com os objetivos desse tipo determinados pela direção da empresa.
5. As decisões de investimento se relacionam com os comprometimentos dos recursos necessários para que a empresa consiga obter algum tipo de retorno econômico ou financeiro, sempre pensando no futuro.

Capítulo 5

Questões para revisão

1. a
2. c
3. e
4. O percentual do índice de participação do capital de terceiros em relação ao capital próprio é de 500%.
5. Os índices de lucratividade ou de rentabilidade demonstram que, se a operação de empresa se mantiver nos patamares atuais, uma margem de lucro mais alta é considerada desejável.

[2] BAZZI, S. Contabilidade em ação. Curitiba: InterSaberes, 2014.

Capítulo 6

Questões para revisão

1. b
2. b
3. c, a, e, b, d
4. Envolvimento administrativo; adaptação organizacional; contabilidade por área de responsabilidade; orientação por objetivos; comunicação integral; expectativas realísticas; oportunidade; aplicação flexível; acompanhamento; reconhecimento do esforço individual e do grupo.
5. Variáveis ambientais; ameaças e oportunidades, cenários econômicos, políticos e sociais da conjuntura nacional e internacional; reconhecimento pelo mercado dos conceitos, da missão e dos valores da empresa; vínculo com os fornecedores e os clientes, relacionamento na compra e na venda de produtos e assistência ao cliente; relacionamento com os principais colaboradores, empregados e prestadores de serviço, estrutura funcional e organizacional; fontes de recursos de capitais e políticas de investimento de longo prazo.

Sobre o autor

Samir Bazzi

Graduou-se em Administração de Empresas pela Pontifícia Universidade Católica do Paraná (PUCPR) em 2003, concluiu MBA em Direito Tributário pelo Instituto Internacional de Educação e Gerência (Iege) em 2005 e, atualmente, participa do programa de pós-graduação *stricto sensu* em Administração da Universidad de la Empresa, em Montevidéu, Uruguai. Leciona disciplinas das áreas de Empreendedorismo, Finanças, Contabilidade e Gestão de Projetos em cursos de graduação e pós-graduação. É filiado ao Project Management Institute (PMI) desde 2012. É sócio-gerente da empresa Izzab Assessoria Empresarial, que atua nas áreas de gestão de projetos, consultoria financeira e consultoria tributária. É autor de livros nas áreas contábil, tributária, financeira e de projetos.

Os papéis utilizados neste livro, certificados por instituições ambientais competentes, são recicláveis, provenientes de fontes renováveis e, portanto, um meio responsável e natural de informação e conhecimento.

Impressão: Reproset
Janeiro/2023